*Das Geheimnis von Stonehenge
und weitere rätselhafte Geschichten*

Bob Hoare

Das Geheimnis von Stonehenge

und weitere
rätselhafte Geschichten

Illustrationen
von John Hutchinson

Lesen und Freizeit Verlag

Lizenzausgabe der Lesen und Freizeit Verlag GmbH,
Ravensburg
Die Originalausgabe erschien 1974 unter dem Titel:
„More true Mysteries" bei Transworld Publishers Ltd., London
Text: © 1974 by Bob Hoare
Illustrations: © 1974 bei Transworld Publishers Ltd., London
Die deutsche Erstausgabe erschien 1978 unter dem Titel
„Weitere ungelöste Geheimnisse" als Ravensburger
Taschenbuch Nr. 486 beim Otto Maier Verlag, Ravensburg

© der deutschsprachigen Textfassung
Otto Maier Verlag, Ravensburg 1978

Aus dem Englischen von Gertrud Rukschcio

Umschlagentwurf von Monika Uhlmann

Alle Rechte an dieser Ausgabe vorbehalten durch
Lesen und Freizeit Verlag GmbH, Ravensburg

Gesamtherstellung: Ebner Ulm
Printed in Germany

ISBN 3-88884-146-1

Inhalt

1. Das Geheimnis von Stonehenge   9

2. Das Rätsel des Flugzeugs G-AGBB   22

3. Wer ermordete die Prinzen im Tower?   34

4. Das Ungeheuer von Loch Ness   47

5. Die verschwundene Expedition –
   ein gelöstes Geheimnis   64

6. UFOs   78

7. Atlantis – ein verlorener Kontinent?   94

8. Der verschollene Entdecker   105

9. Der Mann mit der eisernen Maske   118

10. Der verschwundene Froschmann   131

Ungelöste Geheimnisse haben für die meisten Menschen eine große Anziehungskraft, besonders, wenn es sich um wahre Geheimnisse handelt. Briefe von Lesern meines früheren Buchs „Der Schatz auf Oak Island und andere rätselhafte Geschichten" weisen darauf hin, daß es eine große Versuchung ist, sich mit den Tatsachen zu befassen und selbst zu einer Lösung zu kommen.

Dieses vorliegende neue Buch enthält zehn wahre Geheimnisse, einige aus der Vergangenheit, einige aus der neueren Zeit. Neun davon verbleiben ungelöst, obwohl in manchen Fällen Lösungen vorgeschlagen wurden. Das ist das Erregende an einem wahren Geheimnis: Wenn man die Tatsachen zusammenstellt, ist das wie die Arbeit an einem Puzzle. Man hat den Eindruck, daß man mit Nachdenken und Geduld zu einer Lösung kommen müßte. Nur ergibt sich bei wahren Geheimnissen die Schwierigkeit, daß man nie sicher sein kann, ob man alle Puzzlestückchen in der Hand hat.

Doch so alt ein Geheimnis auch sein mag, es ist durchaus möglich, daß irgendwann einmal ein wesentliches Puzzleteilchen auftaucht. Es wurde allgemein angenommen, daß man nie erfahren würde, was mit Salomon Andrée geschehen ist, der mit dem Ballon in der Arktis verschwand. Jedoch, dreißig Jahre später wurde seine Leiche gefunden und dabei ein Tagebuch, das fast die ganze Geschichte enthält. Ist es so unmöglich, daß man eines

Tages das Rätsel um Oberst Fawcett auf ähnliche Art lösen kann?
Das Geheimnis um Fawcett und andere im vorliegenden Band, solche aus vergangenen und solche aus jüngeren Zeiten, können eines Tages immer noch gelöst werden. Bis es soweit ist, möge der Leser alle bekannten Tatsachen überdenken – und sich den Kopf zerbrechen.

„Karina"
Wells Lane
Ascot, Berks.

Bob Hoare

1. Das Geheimnis von Stonehenge

Stonehenge steht auf der Ebene von Salisbury in Wiltshire, acht Meilen nördlich der Stadt Salisbury und zwei Meilen westlich von Amesbury. Es ist ein großer Kreis aus riesigen steinernen Säulen, von denen manche aufrecht stehen, während andere so auf der Erde liegen, wie sie vor Jahrhunderten umgefallen sind.
Jahr für Jahr besucht eine Viertelmillion Menschen aus der ganzen Welt die Stelle. Die Leute bewundern die Geschicklichkeit, mit der Menschen eines frühen Zeitalters, vor undenklich langer Zeit, diese Säulen errichtet haben. Man zerbricht sich den Kopf, woher die Steine stammen, wie sie transportiert und aufgerichtet wurden. Doch am meisten zerbrechen sich die Leute den Kopf über das größte Geheimnis von Stonehenge: Zu welchem Zweck wurde es erbaut?
Seit mehr als zweitausend Jahren müssen Besucher dieses abgelegenen Ortes sich diese und ähnliche Gedanken gemacht haben. Man weiß, daß das Geheimnis von Stonehenge seine Faszination seit vielen hundert Jahren ausübt.
Eine Zeit glaubte man, der Steinkreis sei ein Tempel, den der Zauberer des Mittelalters, Merlin, zur Erinnerung an im Kampf gegen Eindringlinge gefallene Soldaten erbaut hat. Die Verbindung von Merlin und Stonehenge geht auf Geoffrey von Monmouth zurück, einen Schriftsteller des 12. Jahrhunderts. Doch Geoffrey erklärte nicht, daß Mer-

lin den Tempel mit Zauberkräften errichtet habe. Ihm zufolge ließ er die Riesensteine durch Sklaven nach Stonehenge schaffen und das Monument auf dieselbe Art errichten. Vermutlich zeigt das, daß zur Zeit Geoffreys im Volk noch eine undeutliche Erinnerung an die Erbauung von Stonehenge existierte.

König Karl II. ließ im 17. Jahrhundert von einem Gelehrten namens John Aubrey eine Untersuchung über Stonehenge veranstalten. Aubrey untersuchte genau, was noch da war, und kam zu dem Schluß, Stonehenge sei ein heidnischer Tempel gewesen. Er gab zu, er tappe im dunklen, doch er sagte auch, möglicherweise handele es sich um einen Druidentempel.

Diese Version wurde lange Zeit hindurch geglaubt, doch wir wissen, daß Aubrey hierin völlig im Irrtum war. Die Druiden waren Priester und Lehrer der keltischen Stämme. Sie lebten in England lange nach der Zeit, als Stonehenge erbaut wurde, denn wann das war, wissen wir heute. Seit vielen Jahren untersuchen Archäologen das uralte Monument, und dabei gelang es ihnen, einige seiner Rätsel zu lösen.

Diese Fachleute haben auch genau herausgearbeitet, wie Stonehenge früher aussah, und sie erklären auf Grund der Funde, daß es das Resultat dreier verschiedener Bauperioden ist. Es existierte in drei verschiedenen Gestalten – Stonehenge 1, Stonehenge 2 und Stonehenge 3.

Stonehenge 1 wurde ungefähr 2200 v. Chr. errichtet, also in der Jungsteinzeit. Es bestand aus einem großen, kreisrunden Platz, der im Durchmesser ungefähr 100 Yards* maß. Er war von einem Wall und einem Graben umgeben.

---

* 1 Yard = 0,9144 m

An einer Stelle fehlten Umwallung und Graben, und das bildete den Eingang. Rechts und links davon stand vermutlich ein Stein, und in einiger Entfernung außerhalb des Kreises stand ebenfalls ein Stein, den man heute Fersenstein nennt. Diesen Namen erhielt er von John Aubrey, der behauptete, er habe darin den Abdruck der Ferse eines Klosterbruders gesehen.

Damit weist Aubrey wohl auf eine Sage hin, die mit Stonehenge und speziell mit diesem Stein verknüpft ist. In der Sage heißt es, ein Klosterbruder in der Nähe von Salisbury habe einmal den Teufel erzürnt, und dieser habe einen riesigen Felsblock aufgehoben und dem heiligen Mann nachgeschleudert. Der Fels traf den Klosterbruder an der Ferse, doch dieser war so stark, oder so kräftig durch sein heiliges Wesen beschützt, daß der Stein ihm nichts antat. Dabei hinterließ seine Ferse einen Abdruck im Stein.

Der Fersenstein mißt sechzehn Fuß* über der Erde und vier darunter. Er ist acht Fuß breit und sechs Fuß dick, und er wiegt 35 Tonnen.

Der Graben war ungefähr zwanzig Fuß breit und sechs Fuß tief. Die Seiten waren steil und der Boden flach. Der Wall befand sich innerhalb des Grabens, und an seiner inneren Seite waren ringförmig angeordnet 56 Löcher, ungefähr vier Fuß breit und drei Fuß tief. John Aubrey war der erste, der sie entdeckte, und nach ihm heißen sie heute Aubrey-Löcher. Sie sind ungefähr zur Hälfte mit weißen Flecken gekennzeichnet, und in dem kurzen Gras sieht man sie deutlich.

Stonehenge 2 wurde vermutlich zwischen 1700 und 1600

---

* Engl. Maßeinheit: foot (Fuß) = 12 inches (Zoll) = 30,48 cm;
 1 Zoll = 2,54 cm

v. Chr. gebaut, und man nimmt an, daß die Erbauer die sogenannten Becherleute waren, die nicht allzulang zuvor über die Nordsee nach England gekommen waren. Sie tragen diesen Namen, weil sie ihren Toten Becher als Grabbeigaben mitgaben.

Die Becherleute verbreiterten den Eingang des Kreises, indem sie den Graben mit Erde vom Wall auffüllten. Dann bauten sie eine breite Straße von Stonehenge bis zum zwei Meilen entfernten Fluß Avon, die sie auf jeder

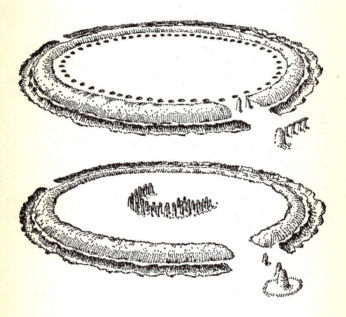

Seite mit einem Graben und einem Wall flankierten. Zwischen dem Steinkreis und dem Fersenstein auf der breiten Straße stellten sie zwei hohe Steine auf.

In den Kreis stellten sie zwei Kreise von Steinsäulen aus riesigen Blausteinen, der eine Kreis sechs Fuß innerhalb des zweiten. In diese unfertigen Kreise wurden in einer Linie mit dem Eingang einzelne Steine gestellt. Dann wurden aus unbekannten Gründen alle diese Steine wieder umgelegt.

Stonehenge 3 wurde ungefähr 1600 v. Chr. zu Beginn der Bronzezeit (in England) begonnen. In Hufeisenform wurde eine Anzahl riesiger Steine, die jeder mehr als 25 Tonnen wogen, aufgestellt. Jeweils ein Paar wurde mit einem massiven Steinsturz verbunden. Diese Stürze haben,

so glaubt man, Stonehenge den Namen gegeben, denn der bedeutet „Die hängenden Steine".

Außerhalb des Hufeisens wurde ein Ring aus den gleichen Steinen errichtet, die wiederum durch Stürze verbunden waren. Später ging man daran, die Blausteine von Stonehenge 2 wieder zu verwenden. Sie wurden sorgfältig behauen und so aufgestellt, daß sie im Hufeisen ein Oval bildeten.

Später gruben die Erbauer außerhalb des Hauptkreises Löcher. Die Archäologen sind der Ansicht, das geschah, um weitere Blausteine aufzustellen, doch das unterblieb. Aus irgendeinem Grund müssen sich die Erbauer anders entschlossen haben. Sie stürzten die Blausteine in der Mitte um und ordneten sie auf neue Art an, nämlich so, daß sie im Hauptkreis wieder einen Kreis bildeten, und ein Hufeisen innerhalb des Hufeisens.

Stonehenge 3 war vermutlich um 1300 v. Chr. fertiggestellt, und das Bild auf Seite 13 zeigt, wie es vermutlich ausgesehen hat.

Das Ganze, vom Anfang des Stonehenge 1 bis zur Vollendung von Nr. 3, erforderte wohl mehr als 900 Jahre. Die Arbeit, die in dem Bau steckt, ist atemberaubend. Man hat berechnet, daß es mehr als eineinhalb Millionen menschlicher Arbeitsstunden erforderte. Das ist soviel, wie vierzig Männer, die vierundzwanzig Stunden pro Tag nonstop arbeiten, in hundert Jahren leisten.

Ein Professor der Astronomie, Gerald S. Hawkins sagt: „Für die Menschen, die es erbaut haben, müssen die Kosten der Erbauung von Stonehenge mindestens denen des US-Raumfahrtprogramms gleichgekommen sein. Wahrscheinlich hat es ihnen mehr bedeutet."

Die Gräben und die Löcher für die Steine wurden mit hackenartigen Schaufeln aus Hirschgeweihen gegraben. In dieser Gegend ist der Boden kreidehaltig. Die Kreidestücke wurden aufgehäuft und mit den Schulterblättern von Rindern in Körbe gefüllt. Dann brachte man sie dorthin, wo Kreide gebraucht wurde.

In moderner Zeit hatten Archäologen mit den gleichen

Werkzeugen Experimente ausgeführt und genau gezeigt, wie einst die Arbeit verrichtet wurde. Dann führten sie dieselbe Arbeit mit Stahlhacken, Schaufeln und Körben durch, wobei sich herausstellte, daß man mit den modernen Werkzeugen nicht weniger als halb so lang brauchte. Mit anderen Worten, die prähistorischen Geräte waren erstaunlich leistungsfähig.

Die Steinblöcke, wie sie in Stonehenge verwendet wurden, stammten nicht aus der Nähe. Der Transport muß also für die Erbauer ein großes Problem gewesen sein.

Die Blausteine wurden aus den Prescelly-Bergen in Pembrokeshire (Wales) gebracht, und wie das geschah, ist eine der bemerkenswertesten Ingenieurleistungen des prähistorischen Menschen in Europa. Diese Berge liegen in der Luftlinie 140 Meilen von Stonehenge, doch die Steine, von denen 80 zusammen 100 Tonnen wiegen, wurden über eine viel größere Entfernung befördert.

Nach Meinung der Gelehrten geschah der Transport über den größten Teil der Strecke über Wasser. Erst zog man die Steine auf Schlitten von den Bergen zur Bucht von Milford Haven, wobei man die Schlitten vermutlich durch Baumstämme unterstützte, die man ihnen unterlegte. Die Baumeister der Steinzeit kannten das Rad noch nicht.

Von Milford Haven mögen die Blausteine auf Flößen über den Bristol-Kanal und den breiten Mündungstrichter des Severn-Flusses bis zum Avon-Fluß gebracht worden sein. Dort wurden die Steine auf ein Boot verfrachtet, das aus Einbäumen bestand, die man Seite an Seite befestigt und über denen man eine hölzerne Plattform angebracht hatte, die die Steine tragen sollte. Solche Boote eigneten sich auf dem schmalen Fluß besser als die unhandlichen Flöße.

Diese Boote konnten vom Ufer aus mit Seilen getreidelt

oder mit Stangen den Fluß hinaufgestakt werden. Man konnte sie bis fast zu der heutigen Stadt Bradford-on-Avon bringen und von dort den Frome-Fluß hinauf fast bis zum heutigen Frome. Hier zog man sie wohl an Land und brachte die Steine wieder mit Schlitten zum heutigen Warminster. Hier wurden sie wieder in Boote verladen, die man mit der Strömung den Fluß Wylye nach Wilton flößte und schließlich auf dem Salisbury Avon bis zur breiten Straße, die von Stonehenge her kam.
Das sind insgesamt 240 Meilen, und neun Zehntel davon wurden auf dem Wasser zurückgelegt.
Um zu zeigen, wie die Blausteine Stonehenge vermutlich erreichten, führte man 1954 ein Experiment aus. Eine Nachbildung eines Blausteins wurde auf eine Plattform gelegt, die auf drei zusammengebundenen Einbaumkanus befestigt war. Diese stakten vier junge Männer den Salisbury Avon hinauf. Gleichzeitig legte man einen Blaustein auf einen Schlitten und zog ihn über unebenen Boden. Dazu waren vierzehn kräftige junge Männer nötig.
Die anderen Steine des Monuments kamen aus den Marlborough Downs in Nord-Wiltshire, ungefähr zwanzig Meilen von Stonehenge entfernt. Manche dieser Steine wiegen fünfzig Tonnen, und hier verlief der ganze Transport über Land.
Die Archäologen sind dem mutmaßlichen Weg dieser Steine nachgegangen. Ihrer Schätzung nach waren mindestens fünfzig Männer nötig, um einen einzigen Stein auf dem übergroßen Schlitten über nichtgeebnetes Erdreich zu ziehen, und vermutlich brauchte es 250 Männer, um das eine Steilstück des Weges zu überwinden. Wahrscheinlich wurden auch unter diesen Schlitten Baumstämme als Rollen verwendet. Man gebrauchte acht bis zehn Stück davon, und sechs Männer arbeiteten jeweils an einer Rolle und

trugen sie von hinten wieder nach vorn, wenn der Schlitten darüber weggerollt war.

Die Seile, die man zum Ziehen des Schlittens und zum Festbinden der Steine verwendete, bestanden vermutlich aus Kuhhaar oder geflochtenen Lederstreifen.

Stonehenge 3 hatte dreißig stehende massive Säulen und zehn weitere im Hufeisen. Ihr Transport und der der großen Stürze muß viele Jahre in Anspruch genommen haben.

Alle Steine von Stonehenge 3 waren von Menschen behauen. Dazu müssen kleinere und härtere Steine verwendet worden sein. Mit diesen kleineren Steinen wurden die zu bearbeitenden behackt, gehämmert und vermutlich auch abgerieben. Vielleicht wurden in den zu behauenden Stein erst Linien geritzt, um zu zeigen, wo eine Einbuchtung sein sollte. Man mag Steine gespalten haben, indem man flache Steine oder Holzkeile in Ritzen einführte. Vermutlich war es eine Arbeit von mehreren Monaten, bis ein Stein fertig war.

Wie brachte man die Steine in die aufrechte Stellung?
Wie brachte man die großen Stürze dazwischen an?
Darüber haben sich die Gelehrten immer wieder den Kopf zerbrochen. Sie wußten ja, daß die Baumeister jener frühen Zeit nur einfachstes Werkzeug und wenige technische Kenntnisse besaßen.

Sie stellen sich den Vorgang folgendermaßen vor: Zuerst wurde ein ca. acht Fuß tiefes Loch gegraben. Drei Seiten davon verliefen senkrecht, die vierte schräg. Die Wand gegenüber der Schrägwand war mit Holz verkleidet.

Einer der großen Steine wurde auf Rollen zum Loch gebracht und so gelegt, daß das untere Ende über die Schrägseite des Lochs hinausragte. Das obere Ende wurde stückchenweise gehoben und durch Pfähle unterstützt.

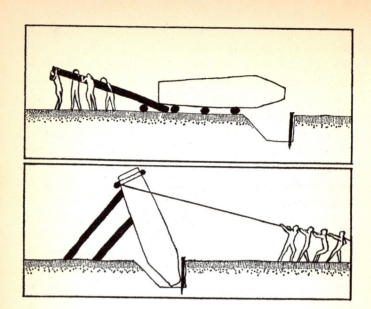

Sobald eine gewisse Höhe erreicht war, glitt der Stein ins Loch. Die hölzerne Verkleidung verhinderte, daß hier das Erdreich einbrach, wenn der Stein in das Loch glitt.

Nun wurde dem Stein beim oberen Ende eine Art Kragen umgelegt, an dem Seile befestigt waren, mit denen man den Riesen genau in die Senkrechte ziehen konnte.

Um den Sturz anzubringen, errichtete man vermutlich um den aufrecht stehenden Stein eine hölzerne Plattform. Der Sturz wurde zuerst einen oder zwei Fuß gehoben und unter ihm eine weitere Plattform gebaut. Über diese wurde er wieder einen oder zwei Fuß gehoben und die Plattform nachgeschoben, und so weiter bis zur Höhe. Das Hochheben des Sturzes geschah durch eine Gruppe Männer, die Baumstämme als Hebel benutzten.

Am oberen Ende eines jeden aufrecht stehenden Steines

befindet sich ein hervorstehendes Steinstück, ungefähr neun Zoll lang. Diese Stücke nennt man Tenons, und sie passen in Löcher in den Stürzen, die sie dadurch fest in ihrer Lage halten.

Im Jahr 1953 machte man eine neue Entdeckung. Auf einem der größten Steine fand man eingeschnittene Zeichen, die meisten zeigten bronzene Axtköpfe in Lebensgröße, und zwar von solchen Äxten, wie sie um 1600 v. Chr. verwendet wurden. Auch das Abbild eines Dolches kam zum Vorschein, anscheinend von jener Art, wie man sie im Griechenland jener Zeit verwendete.

Diese Steinzeichen trugen in keiner Weise dazu bei, das Geheimnis von Stonehenge zu lösen, im Gegenteil, die brachten eine neue Komponente herein. Man hatte in den Gräbern in der Umgebung von Stonehenge Schmuck und Perlen aus Griechenland und anderen Mittelmeerländern gefunden, also bestand zwischen diesen Gegenden und England einiger Handel.

Halfen Griechen mit, Stonehenge 3 zu entwerfen? Ein führender britischer Archäologe sagte: „In ganz Großbritannien gibt es nichts in der Art von Stonehenge. Wer auch den Plan gemacht hat, er muß ähnlich konstruierte Bauten in Griechenland gesehen haben."

Was auch immer den Archäologen und anderen Gelehrten zu entdecken gelang, auf die grundlegende Frage wissen sie keine Antwort: Warum wurde es überhaupt erbaut?

Die meisten Fachleute stimmen darin überein, daß Stonehenge ein Tempel irgendeiner Art war, doch sie können keine plausible Meinung vorbringen, welche Art Tempel und welche Art von Zeremonien darin abgehalten wurden. Vom Eingang des Monuments sieht man am Tag der Sommersonnenwende (ungefähr am 21. Juni) den Sonnenaufgang genau in der Mitte der breiten Straße, und aus diesem Grund brachten manche Gelehrte die Ansicht vor, in Stonehenge sei die Sonne angebetet worden.

Einer der riesigen Steine liegt flach auf dem Boden. Er wurde mit der Zeit „Altar" genannt. Doch auch dieser Stein stand vermutlich einst aufrecht. Durch seine Lage entstanden Annahmen, in Stonehenge seien einst Opfer vorgenommen worden – möglicherweise Menschenopfer. Für solche Vermutungen gibt es nicht die geringsten Beweise.

Astronomen, die die Anordnung der Steine untersuchten, fragten sich, ob sie möglicherweise mit der Stellung von Sonne und Mond in Verbindung zu bringen seien. Wurden sie vielleicht dazu verwendet, Sonnen- oder Mondfinsternisse vorauszuberechnen?

Für die prähistorischen Menschen, die Stonehenge errichteten, waren Sonne und Mond gleichermaßen wichtig. Sie bedurften der Sonne, damit ihre Ernten reiften, und der Mond gab ihnen Licht in den Nächten. Eine Sonnen- oder Mondfinsternis war ein entsetzliches Ereignis für sie, vielleicht ein Zeichen, daß die Götter zürnten. Sobald eine Finsternis jedoch vorausgesagt werden konnte, sah alles anders aus. Wenn sie in erkennbarem Zyklus wiederkehrten, waren sie eine normale Verhaltensweise der Götter.

Die Untersuchungen des Zusammenhangs der Anordnung der Steine mit der Laufbahn von Sonne und Mond brachte lange Zeit hindurch kein Resultat, bis im Jahr 1961 Professor Hawkins einen Computer mit Informationen über die Stellung der Steine und von Sonne und Mond fütterte. Die Antwort des Computers war, ja, es bestünde ein Zusammenhang zwischen beiden. Daraufhin fütterte der Professor den Computer mit Daten nicht des heutigen Sonnen- und Mondstandes, sondern mit jenen des Jahres 1500 v. Chr. Er fand zehn Verbindungen mit dem Stand der Sonne und vierzehn mit dem Stand des Mondes. Wenn ein Mensch zum Beispiel am 8. November oder 5. Februar im Mittelpunkt des Steinkreises stand und über einen bestimmten Stein blickte, sah er den Sonnenaufgang. Wenn er von der gleichen Stelle aus am 6. Mai oder 8. August über einen anderen Stein blickte, sah er den Sonnenuntergang. Dies sind bedeutungsschwere Daten, denn jeder dieser Tage liegt ungefähr 46 Tage vor oder nach der Wintersonnenwende (21. Dezember) oder der Sommersonnenwende (ungefähr 21. Juni).

Doch auch dies brachte noch nicht die Lösung des Geheimnisses von Stonehenge. Es ist nicht klar, welchen Wert Verbindungen dieser Art für die Erbauer von Stonehenge gehabt haben mögen. Es gibt die Theorie, der Steinkreis sei eine Art Kalender gewesen. Die Stellung der Sonne konnte für jeden beliebigen Tag abgelesen und mit Daten wie der Sommersonnenwende in Verbindung gebracht werden. Vielleicht half Stonehenge dem Steinzeitmenschen festzustellen, wann nach dem grausamen Winter der Frühling kommen würde. Solche Information wäre in dieser Zeit ungeheuer wichtig gewesen.

Die letzte Lösung des Geheimnisses kennt niemand. Die Fachleute selbst sind sich untereinander nicht einig. Die Arbeit Professor Hawkins' mit dem Computer wird vielfach abgelehnt. Es wird dagegengehalten, daß die Antworten eines Computers nur so gut sind wie die Daten, die man ihm eingegeben hat, und manche der eingegebenen Daten waren nicht gesichert.

Vielleicht wird sich dieses Geheimnis nie lösen lassen. Eines jedoch steht fest: Nach den Anstrengungen zu schließen, die nötig waren, um Stonehenge zu errichten, muß das Monument für seine Erbauer von ungeheurer Wichtigkeit gewesen sein.

2. Das Rätsel des Flugzeugs G-AGBB

Leslie Howard war einer der berühmtesten Filmstars der Welt. Der gebürtige Engländer lebte und arbeitete in Hollywood, das im Jahr 1939 das Zentrum der Filmindustrie war. Dann brach der zweite Weltkrieg aus, und Howard kehrte sofort nach England zurück und stellte sich seiner Heimat zur Verfügung. „Ich werde alles tun, was man von mir verlangt", erklärte er.
Im zweiten Weltkrieg gab es neben den eigentlichen Kämpfen im Verband der Armeen eine Menge kriegswichtige Arbeiten. Für das Drehen von Filmen gab es zwei Gründe – die Moral der Zivilbevölkerung aufrechtzuerhalten, aber auch der Bevölkerung anderer Länder, die nicht in den Krieg verwickelt waren, zu zeigen, wie man in Großbritannien dachte und fühlte. Vielleicht traten diese Länder später einmal in den Krieg ein. Da wollte England ihnen genügend gute Gründe liefern, sich auf die Seite der Alliierten zu schlagen.
In England drehte Howard zunächst Filme, um den Kriegsgeist zu heben. Sein erster war „Pimpernel Smith", in dem er die Rolle eines sanft wirkenden Professors der Archäologie spielte, der Juden aus Deutschland herausschmuggelte. Dieser Film lenkte die Aufmerksamkeit auf die Grausamkeit der Nazis gegen die Juden. Er zeigte auch die Tapferkeit und Raffinesse des anscheinend so sanftmütigen und legeren englischen Professors. Der Film war ausgezeichnet dazu geeignet, die Moral der Bevölke-

rung in England aufrechtzuerhalten, aber auch, um in nicht kriegführenden Ländern gezeigt zu werden.

Das British Council wollte im Jahr 1943 Abmachungen treffen, in Spanien und Portugal, zwei nicht in den Krieg verwickelte Länder, englische Filme zu zeigen. Zu diesem Zweck schickte man Leslie Howard hin. Er bereiste beide Länder einen Monat lang, hielt Vorträge über Kino und Theater in Großbritannien und zeigte das Land im Film. Er hatte großen Erfolg mit seinen Vorträgen. Howard war ein ruhiger, gelassen wirkender, blonder, schlanker Mann, und den Spaniern und Portugiesen gefiel er ausnehmend. Als er seine Vortragstour durchgeführt hatte, wollten mehr als 900 Kinos in Spanien und Portugal britische Filme zeigen, und „Pimpernel Smith" wurde in Portugal später zum besten Film des Jahres erklärt.

Howard beabsichtigte, am 29. Mai nach England zurückzufliegen, doch das British Council bat ihn, noch ein paar Tage in Portugal zu bleiben, denn die Premiere seines letzten Films, „The First of the Few", sollte demnächst stattfinden, und dem British Council lag an seiner Anwesenheit dabei.

„The First of the Few" war auch ein idealer Film für Kriegszeiten. Howard spielte darin die Rolle von R. J. Mitchell, dem Konstrukteur der Supermarine-Spitfire. Dies war das Kampfflugzeug, das in der Schlacht um England entscheidend eingriff, und der Titel des Films stammte von einem Ausspruch Winston Churchills über die englischen Piloten in dieser Schlacht: „Noch nie haben auf dem Gebiet menschlicher Auseinandersetzungen so viele Menschen wenigen so viel zu verdanken gehabt."

Howard stückelte gern ein paar Tage an, die er in einem Hotel am Meer in Estoril verbrachte. Damals schrieb er an einen Freund:

„Ich sitze hier am Atlantischen Ozean und kann zum ersten Mal meine Gedanken sammeln." Seit er aus den USA zurückgekehrt war, hatte er ständig sehr viel zu tun gehabt. Wenn er von dieser Reise zurückkehrte, wartete ein dritter Film, „The Lamp Still Burns" auf seine Vollendung.

Howard schrieb auch an den Direktor des British Institute in Madrid. Er hatte gehofft, dort zu einer Kindergruppe zu sprechen, doch es war ihm nicht möglich gewesen, dies durchzuführen. Er schrieb jetzt dem Direktor, wie leid es ihm tat, und fragte an, ob er den Kindern etwas aus England schicken könne, um die Enttäuschung gutzumachen. Ein solches Verhalten war typisch für Howard.

Am Tag der Premiere von „The First of the Few" sollte Leslie Howard mit seinem Freund und Manager, Alfred Chenhalls, und einem zweiten Mann, Neville Kearney vom British Council, den Lunch nehmen. Vorher gingen sie in eine Bar auf einen Drink, und unter den Gästen dort bemerkte Kearney eine attraktive junge Frau. Er kannte sie und hielt sie für eine deutsche Spionin. Um sich zu vergewissern, ging er hinaus und telefonierte mit der Britischen Botschaft in Lissabon. Dort war die Frau bekannt.

Eine Spionin.

Neville Kearney ging zurück in die Bar und kam gerade zur Zeit, um Howard sagen zu hören: „Wir fliegen am 1. Juni mit dem Vormittagsflugzeug vom Lissaboner Flugplatz zurück." Die Spionin saß nahe genug, um das zu hören.

Kearney war beunruhigt, und er warnte Howard und Chenhalls, so etwas nicht in der Öffentlichkeit zu sagen. Doch die Bewegungen der beiden Männer hätten auch so kaum geheimgehalten werden können. Später stellte sich

heraus, daß deutsche Agenten ihnen schon seit einiger Zeit folgten.
Die Deutschen hielten jeden, der für das British Council arbeitete, in gewisser Hinsicht für einen englischen Geheimagenten, und Leslie Howard machte da keine Ausnahme.
Am frühen Morgen des 1. Juni wurden Howard und Chenhalls in einem Wagen der Britischen Botschaft zum Flughafen gebracht. Sie sollten in einer Douglas DC 3 der KLM, der niederländischen Fluggesellschaft, fliegen. Holland war seit 1940 von den Deutschen besetzt, doch waren einige Besatzungen mit ihren Maschinen entkommen, und drei solcher Flugzeuge hielten jetzt einen regelmäßigen Liniendienst zwischen Lissabon und „einem Flugplatz in England" aufrecht. Es wurde nicht allgemein bekanntge-

geben, wo dieser Flugplatz lag, doch es war ein Zivilflugplatz in Whitchurch bei Bristol.
In dieser DC 3, die mit den Buchstaben G-AGBB gekennzeichnet war, sollten vierzehn Personen fliegen. Abgesehen von Howard und Chenhalls waren es meist Diplomaten und Geschäftsleute. Die Zahl der Passagiere verringerte sich im letzten Augenblick auf dreizehn. Der Geistliche Arthur S. Holmes, Vizepräsident des English College in Lissabon, ging zunächst mit den anderen Passagieren an Bord. Ein Beamter brachte ihm ein Paket vom Zoll – Geschenke, die er nach Hause mitnehmen wollte. Der Mann brachte auch eine Botschaft: „Man braucht Sie dringend im English College."
Reverend Holmes wunderte sich. „Wissen Sie, weshalb?"
„Nein. Nur, daß man Sie dringend braucht."
Der Geistliche nahm sein Gepäck auf und verließ das Flugzeug, das bald darauf abhob. Es war jetzt halb zehn.
Die Maschine flog die portugiesische und spanische Küste entlang bis Kap Finisterre und drehte dann hinaus auf die Biskaya. England erreichte sie nie. Man fing eine Botschaft auf: „Werde von feindlicher Maschine angegriffen." Dann nur mehr Schweigen ...
Flugzeuge der Alliierten suchten die Gegend ab, wo das Flugzeug angegriffen worden war. Sie fanden nichts – keine Überlebenden, keine Wrackteile. Hinterher wurde ausgegeben, daß die G-AGBB vom Feind zerstört worden sei.
Die englischen Zeitungen brachten die Nachricht in großer Aufmachung:

FLUGZEUG ABGESCHOSSEN
LESLIE HOWARD UNTER DEN OPFERN

Der Filmstar war außerordentlich beliebt, und sein Tod wurde sehr betrauert. Außerdem waren die Leute empört, daß ein deutsches Flugzeug eine unbewaffnete Zivilmaschine angegriffen hatte.
Die Deutschen verteidigten ihr Vorgehen und erklärten, die Maschine habe einen Tarnanstrich gehabt und sei in nichts von einem Kampfflugzeug zu unterscheiden gewesen. Das stimmte nicht. Das Flugzeug trug die Zeichen der KLM.
Im Hinblick auf die Gegend des Angriffs, sagten die Deutschen, der Golf von Biskaya sei Kampfgebiet, wo britische Flugzeuge auf U-Boote Jagd machten, die aus deutschen Stützpunkten ausfuhren und dorthin zurückkehrten. Sie behaupteten, Maschinen wie diese DC 3 wären zum Bombardieren verwendet worden. Auch das stimmte nicht. Die militärische Version der DC 3, die Douglas C-47 oder Dakota wurde nur zu Transportzwecken eingesetzt.
Mit der Zeit ließ sich der letzte Flug der Douglas DC 3 G-AGBB rekonstruieren. Ihr Pilot, Kapitän Quirinas Tepas, flog sie in einem leichten Regenschauer nach Norden zur Biskaya. Jede halbe Stunde schickte der Funker, Cornelius Van Brugge, eine Nachricht zum Flughafen Lissabon und gab den geschätzten Standort der Maschine an.
Nach zwei Stunden befand sich die Maschine über Corunna, und damit begann die Überquerung des Golfs von Biskaya. Von jetzt an würden außer im Notfall keine Nachrichten mehr geschickt werden. Über der Biskaya operierten deutsche Flugzeuge, da war es besser, Funkstille zu halten.
Über dem Golf wurde die Sicht gut. Von der DC 3 wurde als erstes vermutlich eine einzelne Junkers Ju 88, ein zweimotoriger Kampfbomber gesichtet. Van Brugge ließ sofort einen Funkspruch hinausgehen, der im Klartext

hieß: „Werde von unidentifiziertem Flugzeug verfolgt." Hierauf folgte schnell der letzte Funkspruch der G-AGBB: „Werde von feindlichem Flugzeug angegriffen."
Eine halbe Stunde nach dem Abflug der DC 3 in Lissabon waren acht Ju 88 von einem Flugplatz bei Bordeaux gestartet. War das ein Routineflug? Flogen sie als Bedeckung für zwei U-Boote, die den Golf von Biskaya überquerten? Oder wurden sie als Folge eines Telefonanrufs vom Lissaboner Flugplatz ausgeschickt? G-AGBB war in voller Sicht der Deutschen in den Büros der Deutschen Lufthansa gestartet. Sie alle könnten telefoniert haben.
Die acht Ju 88 müssen, bald nachdem der letzte Funkspruch durchgegeben wurde, die Maschine eingekreist und mit Maschinengewehr- und Bordkanonenfeuer überfallen haben. Nach dem Krieg wurden deutsche Aufzeichnungen über den Angriff gefunden. Sie bestätigen, daß die DC 3 brennend ins Meer fiel, und sie sagen aus, daß die deutschen Piloten vier Gestalten mit Fallschirmen herausspringen sahen. Nur zwei Schirme öffneten sich ordnungsgemäß, und einer davon brannte. Als das Flugzeug ins Meer gestürzt war, fand sich keine Spur der vier Fallschirmspringer.
An der Sache mit den vier Fallschirmspringern ist etwas Rätselhaftes. Passagiere bekamen für gewöhnlich keine Fallschirme ausgehändigt. Konnte das bei den dreizehn Passagieren doch der Fall gewesen sein? Waren vier Menschen an Bord, die für so wichtig gehalten wurden, daß sie eine Sonderbehandlung erhielten? Oder irrten sich die deutschen Piloten? Vielleicht fielen die vier bloß aus dem brennenden Flugzeug, bevor es in das Meer krachte. Ganz gewiß sah niemand auf dem Flughafen Lissabon, daß Fallschirme an Bord gebracht wurden, während es zum

Start vorbereitet wurde, und solche umfänglichen Dinge übersieht man nicht so leicht.

Warum wurde die G-AGBB abgeschossen? Die Versuche, dieses Rätsel zu lösen, konzentrieren sich auf Leslie Howard. Er war der bekannteste aller dreizehn Passagiere. Neville Kearney glaubte, er sei es gewesen, den die Deutschen töten wollten, und er machte Josef Goebbels, den deutschen Propagandaminister, dafür verantwortlich. Goebbels muß nur zu gut von der Bedeutung der Filme Howards für die britische Propaganda in und außerhalb Englands unterrichtet gewesen sein.

Das scheint zunächst ziemlich weit hergeholt. Doch wenn man dazu nimmt, daß Howard auf seinen Reisen in Spanien und Portugal als britischer Geheimagent verdächtigt wurde, und daß eine deutsche Spionin ihm folgte, erklärt sich das Interesse, das man an ihm nahm.

Man hat die Umstände, unter denen Howard die Maschine bestieg, eingehend untersucht. Es stellte sich heraus, daß Reverend Holmes kurz vor dem Flug einen Telefonanruf vom Flugplatz erhielt, in dem es hieß: „Mr. Leslie Howard reist zu viert, und wir haben nur Plätze für drei. Wäre es möglich, daß Sie, falls es nötig sein sollte, als Liebenswürdigkeit gegen Mr. Howard, ein späteres Flugzeug nehmen?"

Reverend Holmes stimmte bereitwillig zu. „Soll ich trotzdem auf den Flugplatz kommen?" fragte er.

Die Antwort hieß ja. Man würde sich bemühen, Platz für alle zu schaffen. Wie sich dann herausstellte, bekam er einen Platz, benützte ihn jedoch nicht.

Man weiß nicht, wer die drei Begleiter Howards waren. Der eine war Alfred Chenhalls. Aber die anderen beiden? Sie wurden bei der Platzvergabe bevorzugt behandelt. Waren sie bedeutend genug, um die Aufmerksamkeit der

Deutschen auf sich zu ziehen? Und Fallschirme ausgehändigt zu bekommen?
Für diese beiden Begleiter gibt es drei Möglichkeiten. Die eine: Gordon MacClean, Inspektor der Konsulate für das Britische Außenamt, der Lissabon und Madrid besucht hatte. Berthold Israel, den das Kolonialministerium in Verbindung mit der Jewish Agency in Palästina nach Lissabon geschickt hatte. Und Tyrell Shervington, Geschäftsmann bei Shell-Mex in Portugal, den die Deutschen angeblich als Spion verdächtigten. Howard und Chenhalls hatten MacClean und Israel oft in der Britischen Botschaft in Lissabon getroffen. War es möglich, daß die Luftwaffenmaschine ausgeschickt wurde, um einen dieser drei zu töten?
Oder ist es vielleicht möglich, daß die Deutschen der Ansicht waren, eine andere wichtige Person befinde sich an Bord? Zu dieser Zeit war der englische Premier Winston Churchill in Algier zu einer Konferenz mit anderen Oberbefehlshabern über die zukünftige Kriegführung in Europa. Alfred Chenhalls war wie Churchill vierschrötig und schwer gebaut. Wie Churchill rauchte er oft Zigarren. Es gibt Stimmen, die behaupten, man habe Chenhalls für Churchill gehalten und deshalb das Flugzeug abgeschossen.
In seinen Memoiren aus dem zweiten Weltkrieg spielt Churchill auf diese Vermutung an: „Da meine Anwesenheit in Nordafrika allgemein bekannt war, verhielten sich die Deutschen besonders wachsam, und das führte zu einer Tragödie, die mir sehr nahe geht. Das normale Verkehrsflugzeug war kurz vor dem Start vom Flugplatz Lissabon, als ein dicklicher Mann mit einer Zigarre es bestieg. Deshalb gaben die deutschen Agenten durch, ich sei an Bord. Obwohl diese Verkehrsflugzeuge seit Monaten unbelästigt

zwischen Portugal und England verkehrten, wurde ein deutsches Flugzeug sofort hinausbeordert und das unbewaffnete Flugzeug schamlos abgeschossen."

Churchill scheint der Meinung zu sein, daß es sich um einen tragischen Irrtum handelt. Trotzdem fährt er fort: „Es ist schwer zu verstehen, daß ich, der ich alle Möglichkeiten Großbritanniens zu meiner Verfügung hatte, im hellen Tageslicht nach Hause geflogen sein soll. Wir machten natürlich bei Nacht einen weiten Bogen von Gibraltar über den Ozean und kamen ohne Zwischenfall nach Haus."

Es ist tatsächlich schwierig zu glauben, daß die Deutschen Chenhalls für Churchill hielten, besonders da ihre Agenten ihn und Howard seit einiger Zeit beschattet hatten.

Churchill irrte, wenn er sagt, die Linienmaschinen zwischen Portugal und England seien nie zuvor angegriffen worden. Im November 1942 widerfuhr dies einer G-

AGBB auf dem Flug von Lissabon – 250 Meilen von London und sechs Wochen bevor Howards Maschine abgeschossen wurde, am 19. April 1943, eröffneten sechs Ju 88 das Feuer auf eine andere KLM DC 3 auf dem Flug nach Whitchurch.

Einigen Berichten zufolge rettete nur die hervorragende Flugkunst des Piloten sie vor dem Abgeschossenwerden. Doch einer unbewaffneten DC 3 half vor sechs Ju 88, die darauf aus waren, sie abzuschießen, höchstens ein geradezu übermenschliches Können, besser gesagt: ein Wunder. Es erhebt sich die Frage: Sollten die Ju 88 bei beiden Gelegenheiten die englischen Maschinen nur belästigen? Das sinnlose Abschießen eines unbewaffneten Zivilflugzeugs auf dem Flug von einem neutralen Land hätte Deutschland im Propagandakrieg nicht geholfen. Man erinnere sich, wie sie sich bemühten, ihr Verhalten nach dem Abschuß der G-AGBB zu rechtfertigen.

Nach dem Angriff im April überlegte man, ob man die Flüge zwischen Lissabon und Whitchurch nicht auf die Nachtstunden verlegen sollte. Dabei gab es Schwierigkeiten, und man beschloß, es vorläufig bei den Tagflügen zu belassen. Die Folge dieses Entschlusses war die Tragödie vom 1. Juni.

Es ist durchaus möglich, daß Deutschland die Flüge auf dieser Linie überhaupt unterbinden wollte. Es hatte zweimal gezeigt, daß es dazu durchaus in der Lage war. Die Warnung war ungehört verhallt, also mußte ein Flugzeug abgeschossen werden, und das Opfer war zufällig Howards Maschine – ein tragischer Zufall.

Nach dem Krieg wurden die Aufzeichnungen des KG-40-Bombergeschwaders der Luftwaffe inspiziert. Das Kampfgeschwader, das die acht Ju 88 aussandte, gehörte zu dieser Gruppe. Man fand die betreffenden Stellen des Flugs vom 1. Juni 1943, doch geheime Befehle kamen nicht zutage. Falls jemand an Bord der G-AGBB das Ziel des Angriffs war, so war dies jedenfalls in den Instruktionen nicht vermerkt.

Also bleibt das Geheimnis ungelöst. Warum wurde die Douglas DC 3 G-AGBB abgeschossen? War Leslie Howard das Ziel des deutschen Angriffs? Könnten die Deutschen geglaubt haben, Churchill sei an Bord? War jemand anderer aus Howards Gruppe das Ziel?

Eine merkwürdige Einzelheit macht das Rätsel noch interessanter. Man erinnert sich, daß der Reverend Arthur S. Holmes im letzten Augenblick gebeten wurde, das Flugzeug zu verlassen. Er ging sofort zurück zum English College. Hier wußte niemand etwas von dem Telefonanruf, der ihn zurückgeholt hatte.

Wer machte diesen Anruf? War es jemand, der wußte, das Schicksal der Maschine sei besiegelt, und der den Geistlichen retten wollte?

Es ist wohl unwahrscheinlich, daß nach so vielen Jahren diese Frage je eine Antwort finden wird.

3. Wer ermordete die Prinzen im Tower?

An einem Tag im Juli 1674 machten die Handwerker, die eine Steintreppe im Tower von London abrissen, eine aufsehenerregende Entdeckung. Unter einer Stufe fanden sie eine hölzerne Truhe mit zwei kleinen Skeletten. Damals verbreiteten sich Nachrichten noch nicht so schnell, doch schließlich wurde es allgemein bekannt, und überall wurden Köpfe wissend gewiegt. „Kein Zweifel", hieß es. „Es sind die armen kleinen Prinzen im Tower, die man endlich gefunden hat."

König Karl II. ließ die Knochen von seinem Arzt untersuchen. Dieser sagte, sie hätten zwei Knaben von acht und dreizehn Jahren gehört. Karl befahl dem großen Architekten Sir Christopher Wren, eine Marmorurne für die sterblichen Überreste zu entwerfen. Sein Entwurf wurde ausgeführt, und im Jahr 1678 brachte man die Urne mit den Gebeinen in die Westminsterabtei, wo alle Mitglieder der englischen Königshäuser ruhen.

Doch damit war das Geheimnis der Prinzen im Tower nicht gelöst. Die Frage: „Was wurde aus ihren Leichen", war zwar geklärt, aber nicht die wichtigste Frage: „Wer hat sie ermordet?"

Die Prinzen im Tower waren Edward und Richard, Söhne von König Edward IV. Sie lebten in einer Zeit, als es ständige Kriege um den englischen Thron gab, die Kriege der Rosen.

Diese Kriege wurden zwischen den Anhängern zweier

Familien ausgefochten, und sie erhielten den Namen von den Abzeichen dieser Familien. Die Anhänger des Herzogs von York trugen eine weiße Rose, die des Hauses Lancaster eine rote. Beide Familien stammten von Söhnen des Königs Edward III. ab.
Im Jahr 1455 war Heinrich VI. aus dem Hause Lancaster König von England. Richard, Herzog von York, brachte eine Armee gegen ihn auf, und bei St. Albans, Hertfordshire, kam es zur Schlacht. Die Armee des Königs wurde besiegt und Heinrich gefangengenommen.
Heinrich wurde schwer krank, und der Staatsrat machte Richard zum Protektor von England. Doch als Heinrich gesundete, wurde Richard die Stellung genommen.
Weitere Schlachten folgten. Heinrich wurde 1460 bei Northampton geschlagen und wieder gefangengenommen. Doch seine Frau, Königin Margaret, entkam mit ihrem Sohn nach Schottland, und sie fiel mit einer Armee in England ein. Die Yorks und die Lancasters trafen wieder in der Schlacht von Wakefield (1460) aufeinander, und Lancaster gewann. Richard wurde getötet und sein Kopf, mit einer Papierkrone geschmückt, auf den Stadtmauern von York aufgehängt.
Königin Margaret und ihre Armee marschierten weiter. Sie schlugen die Anhänger von York in der zweiten Schlacht von St. Albans (1461), wo sich Heinrich VI. zu ihnen gesellte. Später jedoch wurden sie in Towton, Yorkshire, von Edward Plantagenet, Herzog von York, Sohn Richards, in die Flucht geschlagen. Er hatte einen Eid abgelegt, seines Vaters Tod zu rächen.
Edward Plantagenet war sechzehn Jahre alt, ein hübscher, hochgewachsener, schlanker junger Mann. Der Staatsrat gab ihm die Krone Englands, und mit Hilfe eines verschlagenen Staatsmannes, Richard Neville, Graf

von Warwick, regierte er einige Zeit erfolgreich als Edward IV.

Dennoch, sein Thron war nicht sicher. Im Jahr 1464 wurde bei Hexham, Northumberland, ein Aufstand der Lancasters niedergeschlagen. Hinterher wurde der alte König, Heinrich VI., gefangengenommen und in den Tower von London gesperrt. Später entwickelte sich der Graf von Warwick zum Verräter an Edward IV. Er befreite Heinrich VI. und gab ihm den Thron zurück. Geschichtskenner haben dem Intriganten Warwick den Spitznamen „Königsmacher" verliehen.

Edward IV. floh nach Holland und kehrte mit einer schlagkräftigen Armee zurück. Bei Barnet, Hertfordshire, schlug er am Ostersonntag 1471 die Streitkräfte des verräterischen Warwick, der in der Schlacht fiel. Später wurde Margaret bei Tewkesbury in Gloucestershire besiegt, ihr Sohn, Prinz Edward, ermordet und Heinrich VI. im Tower von London hingerichtet.

Die Partei der Yorks hatte auf der ganzen Linie gesiegt, und während der Regierung Edwards IV. gab es keine Kriege der Rosen mehr. Es heißt, er regierte recht gut, obwohl er keine aktive Persönlichkeit war.

Er aß und trank gern und wurde unförmig dick und starb plötzlich am 9. April 1483 im Alter von zweiundvierzig Jahren.

Edward hinterließ zwei Söhne, den zwölfeinhalbjährigen Edward und den zehnjährigen Richard. Der ältere wurde König Edward V., doch bat Edward IV. in seinem Testament seinen Bruder Richard, Herzog von Gloucestershire, das Land zu regieren, bis der Knabe das entsprechende Alter erreicht habe.

Als sein Vater starb, befand sich Prinz Edward bei seinem Onkel, Lord Rivers, in Ludlow Castle in Shropshire.

Rivers war der Bruder der Königin Elisabeth, und sie wünschte nicht, daß der Herzog von Gloucester Einfluß über ihren Sohn gewinne. Sie wollte, Edward solle sofort gekrönt werden und mit dem Staatsrat regieren.
Am 24. April verließen Lord Rivers und Edward Ludlow mit großer Begleitung, um nach London zu reiten. Der Herzog von Gloucester kannte ihre Pläne. Er hatte sich in Middleham Castle, seinem Heim in Yorkshire, aufgehalten. Jetzt brach er mit kleinerem Geleit nach London auf.
Die beiden Gruppen trafen bei Stony Stratford, Buckinghamshire, aufeinander. Der Herzog ließ Rivers verhaften. Er sagte Edward, sein Onkel habe gegen ihn konspiriert, und schickte ihn als Gefangenen nach Yorkshire. Einen Monat später wurde Rivers vor Pontrefact Castle ohne vorhergegangenen Prozeß hingerichtet.
Inzwischen war die Königin Elisabeth, um vor Richard sicher zu sein, mit ihrer übrigen Familie aus dem Schloß Westminster geflohen. Sie zog sich in die Westminsterabtei zurück. An einem so heiligen Ort konnte niemand ihr und ihren Kindern ein Leid antun.
Richard ritt mit Edward V. nach London weiter. Er machte nicht sofort Pläne für die Krönung des Knaben, statt dessen quartierte er ihn in den königlichen Gemächern des Tower ein.
Der Staatsrat stimmte zu, daß Richard Protektor von England werden und Edward V. in seine Obhut nehmen sollte. Ein neuer Termin wurde für die Krönung festgesetzt – der 22. Juni. Später wurde er auf den 2. November verschoben, und Königin Elisabeth war einverstanden, daß sein jüngerer Bruder, Prinz Richard, mit ihm im Tower wohnte.
Anscheinend begann zu diesem Zeitpunkt der Herzog von Gloucester den Plan zu fassen, selbst König zu werden.

Einer seiner Gefolgsleute kritisierte ihn öffentlich, worauf Richard den Mann des Verrats anklagte. Er wurde prompt hingerichtet.

Dann wurde eine bemerkenswerte Geschichte ans Licht gebracht. Der Bischof von Bath und Wells behauptete, König Edward IV. habe versprochen, Lady Elisabeth Butler zu heiraten, bevor er die andere Elisabeth zu seiner Königin machte. In den Augen der Kirche und nach dem Gesetz des Landes waren Edward und Königin Elisabeth also nicht gesetzmäßig verheiratet, Edward war deshalb kein legitimer Sohn und hatte keinen Anspruch auf den englischen Thron.

Manche Geschichtskenner sagen, diese Geschichte sei nicht wahr. Immerhin bleibt es Tatsache, daß der Staatsrat Richard, Herzog von Gloucester, zum König ernannte. Er bestieg am 26. Juni 1483 den Thron. Der zwölfjährige Edward V. war genau 78 Tage König gewesen.

Richard III. wurde wegen seines krummen Rückens „der Bucklige" genannt. Auch hatte er einen verkümmerten Arm, und, wenn man einigen Chronisten glauben will, das Gesicht eines Teufels. William Shakespeare macht ihn zum Helden einer Tragödie und schildert ihn als Schurken ärgster Art. Porträts jedoch, die zu seinen Lebzeiten angefertigt wurden, zeigen, daß er ein ansprechendes Äußeres hatte – ein freundliches Gesicht mit nachdenklichen Augen und einem charaktervollen Kinn.

Richard war ein tapferer Soldat. Mit sechzehn kämpfte er in den Schlachten von Barnet und Tewkesbury und war ein guter Anführer. Er las viel, und er regierte weise. Während seiner Regierungszeit wurden Hunderte nützlicher Gesetze erlassen. Besonders beliebt war er in seinem Heimatbezirk Yorkshire.

Doch gegen seine Feinde ging er rücksichtslos vor. Soviel

läßt sich aus der Art schließen, wie er sich Lord Rivers und anderer entledigte.

Richard III. wurde am 6. Juli 1483 gekrönt. Immer noch hatte er die beiden Prinzen Edward und Richard in den königlichen Gemächern des Towers wohnen. Man sah sie manchmal im Garten spielen oder aus dem Fenster sehen.

Wie oft wurden die Prinzen nach Richards Krönung gesehen? Den meisten Berichten zufolge nicht oft.

Im Oktober 1483 begannen Gerüchte umzulaufen, und es hieß, Richard hätte die beiden Knaben ermorden lassen. Doch es ist nicht klar, warum er das hätte tun sollen. Edward war für ihn kein Rivale mehr.

Im Januar 1484 beschuldigte der Kanzler von Frankreich den englischen König, die Prinzen ermordet zu haben. Er hatte einen offensichtlichen Grund für diese Anklage. Zu dieser Zeit intrigierte ein Lancaster, Heinrich Tudor, in Frankreich gegen Richard III. Diesem Mann konnte es nur zupaß kommen, Richard anzuschwärzen.

Im August 1485 landete Heinrich Tudor mit einer Armee in Wales und marschierte nach Mittelengland. Am 22. August fand auf einem großen, leicht abschüssigen Feld bei Bosworth, Leicestershire, die letzte Schlacht der Rosenkriege statt.

Richard III., mit der Krone über dem Helm, führte seine Streitkräfte an. Es war eine erbitterte Schlacht. Auf ihrem Höhepunkt rief Richard seine Reserve zum Eingreifen. Sie war unter dem Kommando von Lord William Stanley am Rand des Schlachtfelds gestanden. Zu Richards Entsetzen griffen die Reserven seine eigenen Truppen an. Stanley war zum Verräter geworden.

Mit dem Ruf: „Verräter! Verräter!" und mächtigen Hieben rechts und links mit der Streitaxt warf sich Richard gegen Heinrich Tudors Leibwache. Er erschlug Heinrichs

Fahnenträger, bevor ein Hieb von hinten ihn vom Pferd warf.

Männer beugten sich über ihn, metzelten ihn vollends, und Richard III. starb den Soldatentod. Die Krone war ihm vom Helm gefallen und hatte sich in einem Dornbusch verfangen. Lord Stanley hob sie auf und reichte sie Heinrich Tudor. Unter allgemeinen Hochrufen setzte Tudor sich die Krone aufs Haupt.

Heinrich VII. ging es von Anfang an darum, beliebt zu sein. Um zu beweisen, daß die Rosenkriege vorüber seien, heiratete er die Schwester Edwards V., Elisabeth von York, und für sich selbst entwarf er ein neues Abzeichen, eine Kombination der weißen und der roten Rose, die er die Tudor-Rose nannte.

Es heißt auch, daß er systematisch daranging, den Namen

Richards III. anzuschwärzen. Ein italienischer Chronist, Polydore Virgil, wurde für die Abfassung einer Geschichte der Zeit bezahlt, und er führt darin jeden Anwurf gegen Richard und seinen Charakter auf. Das tun auch andere Chronisten in den Regierungszeiten der Tudorkönige und -königinnen, selbst Sir Thomas More.

In der „Geschichte Richards III." gibt Sir Thomas More einen bis ins einzelne gehenden Bericht, wie Richard die beiden jungen Prinzen umgebracht haben soll: Es war bald nach seiner Krönung. Richard brach zu einer Reise durch sein Königreich auf, und er schickte einen Diener, John Green, mit einer Botschaft an Sir Robert Brackenbury, den befehlshabenden Offizier des Towers. Darin wurde Brackenbury befohlen, die Prinzen zu töten.

Brackenbury weigerte sich, also schickte Richard Sir James Tyrell zu ihm mit dem Befehl, ihm die Schlüssel des Towers abzunehmen. Der Offizier übergab sie, und Tyrell bediente sich ihrer. Er schickte seinen Reitknecht, John Dighton, und einen Gefängniswärter namens Miles Forest in die königlichen Gemächer, und sie erstickten die schlafenden Kinder. Nachher ließ Tyrell die beiden Männer die Leichen unter der Treppe des White Towers begraben.

Tyrells Karriere ist bunt. 1502 war er Kommandant eines Forts bei Calais in Frankreich, und er übergab es dem York-Anhänger Grafen von Suffolk, einem Neffen Richards III. Nach seiner Rückkehr nach England wurde Tyrell wegen Verrats vor Gericht gestellt und zum Tod verurteilt. Vor der Hinrichtung soll er seine Rolle beim Tod der Prinzen im Tower gebeichtet haben.

William Shakespeare lebte unter einer Tudor-Regierung, und in seinem Drama „Richard III." erzählt er die Geschichte so wie Thomas More.

Doch ungefähr gleichzeitig wurde in Burgund eine andere

Version veröffentlicht, nämlich, daß die Prinzen im Tower eingemauert und dort dem Tod durch Ersticken und Verhungern überlassen worden seien.

Moderne Historiker sind nicht so schnell bereit anzunehmen, daß Richard III. ein Schurke war und daß er die Prinzen ermorden ließ.

Das ist zunächst die Frage, warum er das hätte tun sollen. Ihr Tod brachte ihm keinen Gewinn. Er saß fest auf dem englischen Thron.

Hinzu kommt die Haltung der Familie der Prinzen. Die alte Königin Elisabeth verließ im März 1484 endlich die Westminsterabtei, und Richard setzte ihr eine Jahrespension von 700 Mark aus. Ihre Tochter, Elisabeth von York, und ihre Schwestern gehörten dem Hof Richards III. an und tanzten dort in der Weihnachtszeit 1484. Ist ein solches Verhalten wahrscheinlich, falls sie wußten – oder auch nur vermuteten –, daß Richard die Prinzen ermordet hatte?

Welche Alternativen bieten sich an?

Vielleicht wurden die Prinzen außer Landes gebracht. Solche Gerüchte liefen von Anfang an um. Sir George Buck, der 1640, also nach der Tudor-Zeit, schrieb, sagt: „Die jungen Prinzen wurden bei der Tower-Werft zu Schiff gebracht und jenseits des Meeres sicher an Land gesetzt."

Buck war ein Nachkomme von Sir John Buck, der dem Haushalt Richards angehörte.

Doch, falls die Prinzen entkamen, was wurde aus ihnen?

Im Jahr 1490 erschien am Hof der Herzogin von Burgund, einer Schwester König Edwards IV., ein junger Mann, der unter dem Namen Perkin Warbeck bekannt war, und behauptete, Richard, Herzog von York, der jüngere der beiden Prinzen im Tower, zu sein.

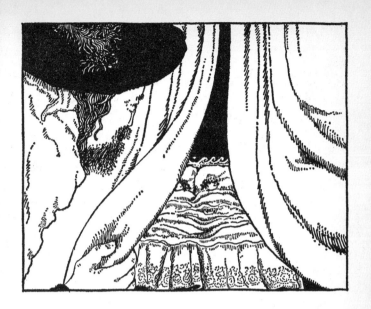

Warbeck beanspruchte den englischen Thron und reiste nach Irland, um Unterstützung zu finden. Später half ihm König James IV. von Schottland, und er landete 1498 mit einer Armee in Cornwall.
Er hatte keinen Erfolg. Seine Truppen wurden bald versprengt. Er wurde verhaftet und in den Tower gebracht. Dort schrieb er ein Bekenntnis nieder und gab zu, nicht Richard, Herzog von York, zu sein, sondern aus Flandern zu stammen. Nach einem Fluchtversuch wurde er 1499 hingerichtet.
Es gibt Ansichten, daß Warbecks Abenteuer das Bekenntnis des Sir James Tyrells drei Jahre später zur Folge gehabt habe.
Falls man die Prinzen für tot hielt, gäbe es keine Gefahr mehr, daß jemand sich für sie ausgab.

Buck hielt Warbeck für den echten Richard. Sein Bruder Edward soll nach der Flucht an einer Krankheit gestorben sein.

Es wurde die Frage gestellt, warum Warbeck sich für Richard und nicht für Edward ausgab. Vermutlich sah er dem jüngeren Prinzen mehr ähnlich. Vielleicht auch war es einigermaßen bekannt, daß Edward tot war. Aber – wo war Richard wirklich, während Warbeck seinen Platz einnahm? Oder war Warbeck tatsächlich der jüngere der beiden Prinzen?

Es gibt noch eine andere mögliche Erklärung, was mit den Prinzen im Tower geschah. Sie wurde zu Zeiten der Tudors nie ausgesprochen, wohl aber heute: daß nämlich die beiden Prinzen von Heinrich VII. ermordet wurden.

Er hatte jedenfalls mehr Gründe für den Mord als Richard. Er beabsichtigte, ihre Schwester, Elisabeth von York, zu heiraten. Damit er das konnte, mußte sie als legitime Tochter Edwards IV. bekannt sein, und eine Parlamentsakte war vorbereitet, um das zu beweisen. Wenn Elisabeth jedoch eine legitime Tochter war, dann war Edward ein legitimer Sohn und hatte mithin mehr Recht auf den Thron als Heinrich Tudor.

Falls die beiden Prinzen im Tower ermordet wurden, dann auf Befehl entweder von Richard III. oder Heinrich VII. Eine Tatsache könnte beweisen, wer der Schuldige ist: das Datum des Todes. Das ist jedoch nicht bekannt.

Können die Prinzen am 22. August 1485, dem Tag der Schlacht auf dem Bosworth-Feld, noch gelebt haben? Falls sie Weihnachten 1484 (als ihre Schwester bei Hof tanzte) noch lebten, dann wäre das wohl möglich. In diesem Fall mag Heinrich VII., um seinen Thron zu sichern, keine Zeit verloren und sie umgebracht haben.

Nach den Prinzen war der nächste rechtmäßige Thronerbe

Edward Plantagenet, Graf von Warwick. Heinrich VII. ließ ihn in den Tower sperren und später hinrichten.

Es gibt keine Gewißheit, daß die Gebeine in der Urne in der Westminsterabtei den beiden Prinzen gehörten, doch ist dies ziemlich sicher.

1933 wurden die Gebeine von einem Experten untersucht, nämlich von William Wright, Professor des London Hospital Medical College und Präsident der Anatomical Society. Erstaunlicherweise fanden sich dabei auch Tierknochen. Die meisten jedoch gehörten einst zu zwei Kindern, Jungen oder Mädchen, die ungefähr das Alter der beiden Prinzen gehabt hatten.

Über das Todesdatum konnte der Professor nichts aussagen. Man konnte die ungefähre Größe der Kinder berechnen, nämlich 4 Fuß $9^{1}/_{2}$ Zoll und 4 Fuß $6^{1}/_{2}$ Zoll. Das würde der Größe heutiger Kinder von Vierzehn und Zwölf entsprechen.

Im Mittelalter waren die meisten Menschen kleiner als heute. König Edward IV. jedoch war größer als seine Zeitgenossen, und man kann annehmen, daß seine Söhne ihm nachgerieten.

Vielleicht war Prinz Edward mit vierzehn genauso groß wie ein heutiger Junge dieses Alters. Jünger hätte er diese Größe nicht erreicht. Zur Zeit der Schlacht von Bosworth wäre er vierzehn Jahre und neun Monate alt gewesen. Dies macht einen Mord im Auftrag von Heinrich VII. möglich. Das gleiche gilt für Prinz Richard. Er wäre 1485 zwölf gewesen.

Wie starben die Prinzen? In den meisten Berichten heißt es, sie seien im Schlaf erstickt worden. Professor Wright fand auf einem Schädel einen Fleck. Solche Flecken können bei Tod durch Ersticken entstehen, andererseits kann auch ein rostiger Nagel die Ursache sein.

Also bleibt das Geheimnis der Prinzen im Tower bestehen. Die Bosworth-Society in England hält Richard III. für den Mörder, doch für die Richard-III.-Society ist Heinrich VII. der Schuldige. Die vorhandenen Beweismittel reichen für keine der beiden Annahmen aus.

4. Das Ungeheuer von Loch Ness

Im Jahr 1933 wurde entlang der Nordküste des Loch Ness in Schottland eine neue Straße eröffnet, die von Fort Augustus nach Inverness verlief. Auf dieser Straße fuhren am Morgen des 22. Mai desselben Jahres Mr. John McKay und seine Frau und brachten hinterher eine erstaunliche Geschichte nach Haus. Sie hätten, so sagten sie, ein riesiges Tier vor ihrem Wagen die Straße überqueren gesehen. Als sie näher kamen, verschwand es in den Wassern des Lochs.

Dies war der erste weit und breit bekannt werdende Bericht über eine Begegnung mit dem Monster von Loch Ness. Die McKays beschrieben das Tier: Es hatte einen großen, faßförmigen Körper und einen ungefähr zehn Fuß langen Hals, und es sah aus wie ein prähistorischer Dinosaurier.

Die Geschichte des Ungeheuers von Loch Ness ging durch die Zeitungen und wurde zur Sensation. Noch vor Jahresende behaupteten 154 andere Leute, sie hätten etwas von dem Monster gesehen.

Die Meinungen über diesen Gegenstand gingen auseinander. Ein Teil der Leute glaubte allen Ernstes, in dem Loch könne ein der Wissenschaft unbekanntes Tier leben. Andere wieder hielten alle Berichte für gefälscht oder für Produkte der Einbildungskraft. Später formulierte Sir Arthur Keith, ein führender Anthropologe, es so: „Das ist kein Problem für Zoologen, sondern für Psychologen."

Mit anderen Worten, die Leute bildeten sich ihre Begegnungen mit dem Monster nur ein.

Mehr als einmal wurde darauf hingewiesen, daß das Ungeheuer ein ungeheurer Gewinn für die Souvenirverkäufer der Gegend sei. „Es ist eine glatte Fälschung", sagten die Zweifler. „Die Hotel- und Cafébesitzer dort oben stecken dahinter. Sie müssen ja fantastische Geschäfte damit machen."

Auch die Conférenciers im Varieté und im Radio merkten bald, daß sie das Publikum mit Anspielungen auf das Monster leicht zum Lachen bringen konnten. Dann wurden Fußabdrücke eines riesigen Tieres im weichen Erdreich an den Ufern des Loch Ness gefunden. Man machte davon Gipsabgüsse und schickte sie an das British Museum.

Das Resultat war erheiternd. Die Abdrücke stammten

vom Fuß eines weiblichen Flußpferdes. Jemand hatte sich Teile eines ausgestopften Tieres verschafft und sich damit einen Witz geleistet.

Doch inzwischen lenkten jene, die das Ungeheuer ernst nahmen, die öffentliche Aufmerksamkeit auf eine interessante Tatsache. Die Geschichte von Ungeheuern in den schottischen Lochs war nicht neu. Auch in der Vergangenheit tauchten von Zeit zu Zeit Berichte darüber auf.

Der älteste Bericht über ein ähnliches Tier findet sich im „Leben des heiligen Columba", geschrieben 679–704 von St. Adamnan. St. Columba war Abt des Klosters auf der Insel Iona, er lebte im 6. Jahrhundert und bereiste das schottische Hochland, um das Wort Gottes zu predigen. Dies ist St. Adamnans Bericht von Columbas Begegnung mit dem Monster im Fluß Ness, der aus dem Loch in den Moray-Ford fließt.

„Als sich der Heilige in der Provinz der Pikten befand, mußte er den Fluß Ness überqueren. Als er das Ufer erreichte, sah er, wie Dorfleute einen armen Kerl begruben, der kurz vorher an dieser Stelle geschwommen haben sollte. Ein Wassertier mit entsetzlichen Kinnbacken hatte ihn gefangen und gebissen. Einige Dorfleute waren in einem Boot ausgefahren, doch sie konnten nicht mehr tun, als den Leichnam ans Ufer bringen.

Der Heilige hörte sich das an und sagte: ‚Trotzdem muß einer von uns ans andere Ufer schwimmen und das Boot von drüben herüberbringen.' Daraufhin gehorchte Luigni Mocu-min sofort, zog sich bis aufs Hemd aus und sprang ins Wasser.

Die erste Beute hatte den Appetit des Monsters mehr angeregt als gestillt. Es lag in der Tiefe verborgen, doch als es die Oberfläche von dem Schwimmer bewegt spürte, kam es mit Gebrüll hervor und ging mit weit geöffnetem

Maul auf Luigni los, der sich jetzt in der Mitte des Flusses befand.

Der Heilige sah es, und während die Eingeborenen und sogar die Klosterbrüder vor Schreck wie gelähmt standen, hob er nur seine heilige Hand, schlug in der Luft das Kreuzeszeichen und befahl dem wütenden Ungeheuer im Namen Gottes: ‚Nicht weiter! Berühr ihn nicht! Schnell, zurück mit dir.' Das Monster war inzwischen bis auf Mannslänge an Luigni herangekommen, doch beim Anruf des Heiligen zog es sich so schnell zurück, als würde es an Seilen bewegt, und floh.

Die Brüder sahen das Monster verschwinden, sahen ihren Kameraden Luigni sicher im Boot zurückkehren und priesen voll Ehrfurcht Gott und den heiligen Mann. Und die heidnischen Eingeborenen, die mit eigenen Augen ein Wunder gesehen hatten, riefen überwältigt: ‚Groß ist der Gott der Christen.'"

Ein gewisser Duncan Campbell soll 1727 ein ähnliches Ungeheuer gesehen haben. „Dieses schreckliche Tier kam eines Morgens im Hochsommer aus dem Wasser und warf ohne Mühe und große Anstrengung mit seinem Schweif riesige Eichen um und tötete auf der Stelle drei Männer, die es jagten, mit drei Schwanzhieben, während die übrigen Männer sich in die Bäume retteten und das Ungeheuer in den Loch zurückkehrte."

Auch die 1870 veröffentlichte Chronik von Fortingall enthält einen Bericht über ein Monster, doch lebt dieses in einem anderen Loch. „In Lochfyn wurde ein riesiger Fisch gesehen, mit riesigem Kopf, und er stand manchmal so hoch aus dem Wasser wie ein Schiffsmast."

In einem Buch über das Ungeheuer von Loch Ness „More than a Legend" bezieht sich Constance Whyte auf eine Karte des Loch Tay in der Bodleian Bibliothek in Oxford.

Sie ist mit 1325–50 datiert und trägt die Notizen: Wogen ohne Wind, Fisch ohne Flossen und eine schwimmende Insel ... „Die Fische, von denen sie sprechen, und die keinerlei Flossen haben, sind eine Art Schlange, also nur natürlich."

Verschiedene Geschichten von Ungeheuern in verschiedenen schottischen Lochs sind bei den Einheimischen schon viele Jahre, bevor 1933 das Monster weltbekannt wurde, umgegangen.

Am frühen Morgen des 22. Juli im selben Jahr verhalfen Mr. und Mrs. Spicer dem Ungeheuer wieder zu Publizität. Sie kehrten von einer Ausfahrt mit einer bemerkenswerten Geschichte zurück. Sie sagten, sie hätten ungefähr 20 Yards vom Loch Ness ein höchst seltsam gestaltetes Tier die Straße vor ihnen überqueren gesehen. Dieses Tier hatte einen ungefähr zwölf Fuß langen Hals, der etwas dicker war als ein Elefantenrüssel und Bogen bildete. Der Körper des Tieres war übermäßig groß und wirkte ungelenk. Wegen einer Vertiefung in der Straße konnten sie die Beine nicht sehen.

Das Ehepaar nahm das Tier aus einer Entfernung von ungefähr 200 Yards wahr. Seine Gesamtlänge schätzten sie auf 25 Fuß und die Höhe des Körpers auf vier Fuß.

Dieser Bericht regte das öffentliche Interesse am Monster erneut an, und Bertram Mills Circus bot jedem, der das Tier für sie fange, 20 000 Pfund Sterling an.

Noch vor Jahresende wurde das Monster fotografiert, und zwar von Mr. Hugh Gray. Er spazierte auf einem Fußweg vom Dorf Foyers, ungefähr dreißig Fuß über dem Loch-Ufer. Plötzlich sah er ungefähr hundert Yards vom Ufer das sonst ruhige Wasser in Bewegung kommen. Als er weiter hinsah, erschien ein riesiges Tier. Es erhob sich ungefähr ein Yard über die Oberfläche des Lochs, und er schätzte die Länge des Wesens auf ungefähr vierzig Fuß. Mr. Gray hatte eine kleine Kamera bei sich und machte mehrere Aufnahmen. Er war dabei sehr schnell, denn das Wesen verschwand nach ein paar Minuten.

Er brachte die Filmrolle selbst in eine Drogerie nach Inverness. Leider war nur ein einziges Bild zum Reproduzieren scharf genug. Es zeigte eine langgezogene Gestalt, die im Wasser lag. Später untersuchte ein Mann von der Firma Kodak das Negativ dieses Fotos und erklärte, es sei damit nicht manipuliert worden, in anderen Worten, Mr. Grays Foto war kein Schwindel.

Andererseits zeigte es nichts als einen unbekannten Gegenstand im Wasser, der vielerlei sein konnte, zum Beispiel ein treibender Baumstamm. Mr. Grays Aussagen über das Gesehene waren unbestimmt: „Ich kann keine eindeutige Aussage über die Größe machen, außer daß es ein sehr großes Geschöpf war. Die Farbe war dunkelgrau, die Haut glänzte und schien glatt zu sein."

Am Morgen des 5. Januar 1934, um ein Uhr, kehrte Arthur Grant von Inverness mit dem Motorrad zum Loch Ness zurück und fuhr, wie er sagte, beinahe in das Monster hinein. Es war eine mondhelle Nacht, und er sah ein riesiges Tier mit einem langen Hals. Es überquerte schwerfällig die Straße, brach mit Getöse durch das Gebüsch und fiel mit lautem Planschen in den Loch. Grant sprang vom Motorrad und lief ans Ufer, doch er sah nichts mehr als kleine Wellen.

Mr. Grant, der Veterinärmedizin studierte, beschrieb genau, was er gesehen hatte: „Da ich etwas von Zoologie verstehe, kann ich behaupten, in meinem Leben kein solches Tier gesehen zu haben." Er beschrieb das Wesen als fünfzehn bis zwanzig Fuß lang, mit langem Hals und einem kleinen Kopf ähnlich dem eines Aals oder einer

Schlange. Der Kopf mochte etwa sechs Fuß über dem Erdboden gewesen sein. Der Körper des Tieres sei walzenförmig gewesen mit unförmigem Hinterteil und einem fünf bis sechs Fuß langen Schwanz. Er glaubte, zwei Paar Schwimmflossen gesehen zu haben.

Mr. Grants Bericht überzeugte die Ungläubigen nicht. Sie erklärten: „Es gibt nicht den geringsten Beweis. Mr. Grant kann sich leicht geirrt haben. Im Mondlicht können ihn die Schatten der Bäume getäuscht haben. Das ist schon vorgekommen."

Doch drei Monate später gab es ein neues und besseres Foto. Ein Londoner Chirurg nahm es mit einem Teleobjektiv auf, und es schien den Kopf und Hals des Monsters zu zeigen, die sich über der Loch-Oberfläche erhoben.

Der Chirurg fuhr mit dem Auto am frühen Morgen den

Loch Ness entlang gegen Inverness. 200–300 Yards vom Ufer sah er eine starke Bewegung im Wasser, und er hielt sofort an, um eine Aufnahme zu machen.

Das Bild wurde im Daily Mail publiziert und war sofort eine Sensation. Wenn dieses Bild nicht das Monster von Loch Ness zeigte, was sonst zeigte es? Da sah man als Silhouette den langen Hals mit dem kleinen Kopf – das Monster, wie es so oft beschrieben worden war. Darunter erkannte man die Wellenbewegung, wie sie ein großer Körper, der sich durchs Wasser bewegt, hervorruft.

Doch auch dieses Bild war nicht scharf genug, um einen entscheidenden Beweis für die Existenz des Monsters zu erbringen. Das Hin und Her ging weiter.

Im Juni 1934 berichtete Alex Campbell, ein Wasserpolizist, er habe das Monster gesehen. Später erklärte er: „Als ich aus meinem Häuschen am Ufer des Loch Ness trat, verschwand der Morgennebel rasch. Nun sah ich das Unglaublichste, was mir in meinen vierzig Jahren als Wasserpolizist auf Schottlands größtem Loch je untergekommen ist. Aus dem Wasser stieg etwas wie ein Ungeheuer aus prähistorischer Zeit, es maß mindestens dreißig Fuß in seiner gesamten Länge. Es hatte einen langen, muskulösen Hals und einen flachen, reptilienartigen Kopf. Die Haut war schwärzlich grau, sah dick aus, und an der Stelle, wo der Hals in den Körper überging, war ein großer Buckel wie bei einem Kamel, nur viele Male größer. Ich zwickte mich fest, doch es war kein Traum. Das Loch-Ness-Monster dort im Wasser war wirklich und greifbar. Es lag einige Minuten zufrieden da und genoß die Sonne."

Einige Fischer, die sich näherten, zerbrachen den Zauber. Das Tier senkte den Hals und tauchte unter die dunkle Oberfläche des Sees, wo es im aufgewirbelten Wasser verschwand und eine kleine Flutwelle verursachte.

Im Gegensatz zu anderen war Mr. Campbell ein erfahrener Beobachter. Dennoch ließen sich die Zweifler nicht überzeugen. Wenn sie an das Monster glauben sollten, dann brauchten sie Beweise und keine Geschichtchen. Im Juli 1934 brach Sir Edward Mountain auf, um solche Beweise zu erbringen.
Er startete mit einer ganzen Expedition. Zwanzig Männer beobachteten die Wasserfläche mit schußfertigen Kameras von neun Uhr früh bis Dunkelheit. Die Gruppe verbrachte dreißig Tage am Loch. Manche Fotos wurden gemacht und ein 16-mm-Film von etwas im Wasser. Doch das erbrachte keinen Beweis. Einige wollten etwas gesehen haben, doch das ergab nichts. Die Expedition brachte kaum Brauchbares für die Existenz eines Monsters mit.
Vor dem 2. Weltkrieg wurden keine weiteren Expeditionen dieser Art gestartet. Das Interesse am Monster war zurückgegangen. Gelegentlich, meist im Sommer, gab es einen Bericht, es sei wieder gesehen worden – also immer in der Saeregurkenzeit, in der die Zeitungen meist nicht viel zu schreiben haben.
Während des 2. Weltkriegs stand der Loch Ness unter Kontrolle der Royal Navy. Es gab kaum Touristen, und die meisten Leute hatten andere Sorgen als solche Monster. Dennoch berichtete im Mai 1943 ein Mitglied des Royal Observer Corps, Mr. C. B. Farrel, er habe das Monster in einer Entfernung von 250 Yards gesehen. Mr. Farrel hielt nach feindlichen Bombern Ausschau, und er hatte einen Feldstecher bei sich. Durch diesen habe er einen 25–30 Fuß langen Körper mit einem „graziösen Hals" bis zu einer Höhe von vier bis fünf Fuß sich aus dem Wasser erheben gesehen. Die Augen seien groß und vorstehend gewesen, und der Hals habe am Rücken eine seltsame Erhebung wie eine Flosse getragen.

Mit Kriegsende 1945 setzte der Touristenstrom zum Loch Ness wieder ein, und sofort gab es auch Berichte über Begegnungen mit dem Monster, doch sie schufen nie die Sensation wie jene aus den dreißiger Jahren. Sie waren eine Kuriosität, etwas Ausgefallenes. Vielleicht waren die Menschen jetzt nüchterner, mehr auf Wissenschaft eingestellt. Die Vorstellung eines unbekannten Tieres im Loch Ness wurde ohne Beweise von den meisten Leuten nicht hingenommen.

1951 legte Mr. Lachlan Stewart, ein Forstarbeiter in der Forestry Commission, wieder ein Foto vor. Er berichtete, er habe eines Morgens um halb sieben etwas Großes sich im Loch bewegen gesehen. Er rief einen Freund, der bei ihm wohnte, und gemeinsam eilten sie zum Ufer hinunter. Dort sahen sie im Wasser drei einzelne dreieckige Buckel mit einem kleinen Kopf auf einem langen Hals vor dem ersten Buckel. Mr. Stewart machte mit einer kleinen Kamera eine Aufnahme. Diese zeigte etwas im Wasser. Die Zweifler überzeugte auch sie nicht.

Im Jahr 1956 ist in einer Broschüre des British Museum, „Scientific Research", folgendes zu lesen: „Der berühmteste Fall einer nicht feststellbaren Gattung ist das ‚Ungeheuer von Loch Ness', in dem der Fantasiereichtum der Beschreibung des Tiers nur mit dem Fantasiereichtum einiger Beobachter gleichgesetzt werden kann. Der einzige wissenschaftliche Beweis, auf den das Museum verweisen kann, ist der in der Glasgow Sunday Post vom 27. Juli 1952 veröffentlichte Bericht von Beobachtungen, die von Mr. Andrew McAfee mit einem Theodoliten gemacht wurden. Er sah auf eine Entfernung von 300 Yards drei dunkle Buckel, die bei keiner Beschreibung des Monsters fehlen. Allerdings war er mit seinem Theodoliten imstande, die Buckel als Schatten zu identifizieren, die ortsfest blieben, während die Wellchen und die Wasserbewegung daran vorbeizog und den Buckeln den Anschein einer Eigenbewegung gab. Es handelt sich somit um ein Phänomen von Wellen und Strömungen."

Mit diesen Worten machte die Wissenschaft einen Strich unter das Monster von Loch Ness. Doch das Monster weigerte sich zu verschwinden. Im Jahr 1959 begann Mr. Tim Dinsdale, ein Luftfahrtingenieur, eine sorgsame Zusammenstellung aller Berichte und Geschichten darüber. Er sammelte hundert Einzelberichte über Beobachtungen von Mai 1933 bis September 1958, und er analysierte sie. Dies brachte folgende Fakten zutage:

Das Monster wurde während der ganzen Periode gesichtet, doch hauptsächlich 1933 und 1934. Vielleicht wurde man, sobald das Monster eine Witzfigur geworden war, vorsichtiger mit dem, was man erzählte.

85% der Beobachtungen wurden zwischen der Morgendämmerung und halb zehn Uhr vormittags gemacht. Daraus könnte man schließen, daß es sich um ein Nachttier handelt. Andererseits wurde es fallweise während aller 24 Stunden des Tages gesehen.

Was über Hals und Kopf berichtet wird, geht dahin, daß der Hals neun bis zehn Fuß lang sein muß. Im Verhältnis zur Größe des Körpers erscheint der Kopf klein, kaum dicker als der Hals, und ist oben flach. Die Augen liegen ziemlich weit oben. Manchmal werden sie als groß beschrieben, manchmal als Schlitze. Wie Fischaugen scheinen sie nicht auszusehen.

Bei 5% der Beobachtungen wurde etwas aus dem Hals Herausstehendes erwähnt, wie eine Mähne oder ein Kragen, den manche Reptilien haben, und wie Dinosaurier ihn hatten.

Die meisten Berichte nennen den Körper sehr groß. Wer

das Tier im Wasser gesehen hat, spricht oft von Buckeln, manche von einem einzigen, manche erwähnen bis zu zwölf Buckel. Manchmal werden die Buckel als dreieckig, dann wieder als abgerundet beschrieben.

Nur 13% der Beobachtungen sprechen von Gliedmaßen, Flossen oder Schwimmfüßen, und dann geht daraus hervor, daß das Tier zwei Paare der Flossen oder Schwimmfüße dazu benützt, sich im Wasser fortzubewegen.

Nur 11% der Beobachtungen nennen einen Schwanz. Er scheint länger zu sein als sechs Fuß.

Die Gesamtlänge des Wesens wird mit über dreißig Fuß angegeben.

Mehr als ein Viertel der Berichte nennen eine Farbe, und zwar grau wie Elefantenhaut oder rötlich-braun.

15% geben diverse Hautbeschaffenheit an, keiner jedoch spricht von Schuppen. Dinsdale schließt auf eine „zähe, warzige Haut", obwohl der Hals glatt zu sein schien.

Mr. Dinsdale machte sich eine Art Phantombild des Monsters zurecht. Er war von seiner Existenz überzeugt und zog im April 1960 eine Einmannexpedition zum Loch Ness auf. Er nahm drei Filmkameras mit und hatte vermutlich eine bessere Kenntnis von „Nessie", wie das Ungeheuer jetzt allgemein genannt wurde, als sonst jemand auf der Welt. Er hatte sich eine riesige Aufgabe gestellt. Der Loch Ness ist zweiundzwanzigeinhalb Meilen lang und hat eine durchschnittliche Breite von einer Meile. Er bedeckt eine Fläche von 14 000 Morgen und mißt an seiner tiefsten Stelle 754 Fuß.

Mr. Dinsdale schien gleich zu Anfang Glück zu haben. Er sah zwei mächtige graue Buckel aus dem Wasser ragen und machte eilends die Kamera fertig, dann sah er sich die Sache mit dem Feldstecher an – und es war ein treibender Baumstamm! Die Zweifler haben seit eh und je angedeu-

tet, daß „Nessie" oftmals ein treibender Baumstamm gewesen sei. Fäulnisgase bringen einen solchen Stamm an die Oberfläche, und wenn das Gas entwichen ist, versinkt der Stamm wieder – das Monster taucht unter.
Doch am 23. April wurde Mr. Dinsdale für seine Enttäuschung entschädigt. Er sah anscheinend den Rücken des Monsters aus dem Wasser ragen und filmte es, als es wegschwamm. Am 13. Juni erschien er mit dem Film im BBC-Fernsehen, Panorama. Der Film zeigte den buckligen Rücken, im Begriff unterzutauchen, und die Bewegung des Wassers, als das Tier davonschwamm.
Mr. Dinsdales Film wurde später von einer Kommission untersucht, die Luftfotos für die Royal Air Force ausdeutet. Dabei wurde der Film zwanzigfach vergrößert. Der Bericht darüber lautet: „Man kann annehmen, daß es kein Oberflächenwasserfahrzeug ist, aber auch die Annahme eines Unterseebootes ist auszuschließen. Damit bleibt nur

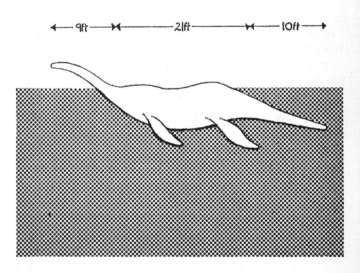

die Möglichkeit, daß es sich um ein Lebewesen handelt.«
Trotzdem wurde Mr. Dinsdales Film nicht als genügendes
Beweismittel für die Existenz eines Ungeheuers im Loch
Ness betrachtet, und die Debatte darüber geht weiter.
In jüngster Zeit zeigte sich ein vermehrtes wissenschaftliches Interesse an der möglichen Existenz eines Monsters, und 1960 unternahmen dreißig Studenten der Universitäten Oxford und Cambridge eine Expedition. Sie benutzten Kameras und Echolote. Sie berichteten, sie hätten den Rücken des Monsters schwimmen gesehen, und sie nahmen Echos von einem undefinierbaren Gegenstand auf, doch sie kamen zu keinem schlüssigen Ergebnis, ob das Monster existiert oder nicht.
Am 19. September desselben Jahres berichtete Torquil MacLeod von einer höchst bemerkenswerten Beobachtung. Er sagte, er hätte das Monster durch ein Fernglas am Ufer mehrere Minuten lang studieren können, und er gab eine ins einzelne gehende Beschreibung: Die Gesamtlänge war 51 Fuß. Das Tier hatte einen umfangreichen, schwärzlich-grauen Körper mit langem Hals, an dem er keinen Kopf erkennen konnte. Es hatte zwei Paar Schwimmflossen, vorn und hinten am Körper.
1962 wurde das Loch Ness Phenomena Investigation Bureau in Inverness installiert, um die Sache mit Nessie ernsthaft zu untersuchen. Clem Lister Skelton, der für das Büro arbeitete, berichtete von acht Beobachtungen im Jahr 1967. Er sagte: „Die Chancen, Nessie zu sehen, sind nicht sehr gut. In den vergangenen fünf Jahren fiel eine Beobachtung auf 350 Beobachtungsstunden. Wir sind auch nicht sicher, ob wir immer dasselbe Monster sehen." Er fügte hinzu, es könnten gut dreißig Ungeheuer im Loch leben!
Die Independent Television News führte im September

1969 mit viel Publizität eine „vierzehn Tage lange konzentrierte Suche nach dem Monster durch, die komplizierteste und wissenschaftlichste Expedition, die je den Loch untersuchte".
I.T.N. brauchte neun Monate, um die Expedition vorzubereiten. Dazu gehörten Echolotgeräte, eine an einem Fesselballon befestigte Kamera, die von Zeit zu Zeit Aufnahmen machte, und ein winziges U-Boot. I.T.N. verkündete: „Bei über fünfzig Männern und Frauen, die die modernsten Unterwassergeräte benutzen und bei strategisch um den Loch verteilten Kameras Wache halten, hat die Expedition die beste Chance, das Geheimnis um das Loch-Ness-Monster zu lüften."
I.T.N. verließ sich nicht auf den Zufall. Manche Echolotgeräte waren so angebracht, daß sie einen senkrechten Vorhang durch das Wasser bildeten. Andere kontrollierten von der Oberfläche aus. Auch versuchte man das Ungeheuer durch Futter, bestehend aus Anchovis, blutigem Fleisch und Gelatine, anzulocken.
Angeblich scheute das Monster den Lärm, also wurden Unterwasser-Lärmerreger auf Flöße verfrachtet, die zu den Echolotgeräten trieben. Man hoffte, daß das Monster diesen Flößen vorausschwimmen würde.
Trotz aller dieser Vorkehrungen verlief die I.T.N.-Expedition ergebnislos. Der Bericht vom 27. September war enttäuschend. „Die I.T.N.-Suche nach Nessie nähert sich ihrem feuchten – und beweislosen – Schluß. Die 24 Meilen des Lochs sind unter Augenschein genommen worden wie nie zuvor. Die beiden technischen Teams haben vergeblich rund um die Uhr Wache gehalten. Kein einziges Mal zeigten ihre Schirme auch nur das kürzeste orangefarbene Aufleuchten, das angedeutet hätte, im Loch rege sich etwas Ungewöhnliches."

Mike Fidell von der I.T.N.-Expedition hält die technische Ausrüstung für 99% verläßlich, und er zweifelt jetzt ernsthaft an der Existenz des Monsters. Er sagte: „Ich kann mir nicht vorstellen, wie es unseren Sonargeräten entwischt sein könnte."

Also bleibt das Geheimnis des Ungeheuers von Loch Ness auch weiterhin ungelöst. I.T.N. zufolge haben im Lauf der Jahre mehr als dreitausend Menschen das Monster gesichtet. Haben sie sich alle geirrt? Haben sie Gesehenes falsch interpretiert, oder wurden sie Opfer ihrer Einbildungskraft?

Bis heute gibt es keine schlüssigen Beweise für die Existenz von Nessie. Dennoch glauben viele Menschen an sie, und die Suche nach ihr geht weiter.

Falls es das Monster wirklich gibt, was kann es sein? Dafür gibt es eine Menge Vorschläge. Darunter: Eine riesige, unbekannte Spezies eines langhalsigen Seehunds. Ein ungeheuer großes Exemplar aus der Familie der Wassermolche. Eine riesige Wasserschlange. Ein Riesenaal. Eine Art Plesiosaurus.

Der Plesiosaurus ist ein Dinosaurier, den man für ausgestorben hält seit der Kreidezeit vor mehr als siebzig Millionen Jahren. Plesiosauren lebten in den europäischen Meeren, und ihre Beschreibungen haben manches mit jenen des Loch-Ness-Monsters gemein. „Der Plesiosaurus als Gattung ist charakterisiert durch große, paddelförmige Schwimmfüße, die er mehr oder weniger als Ruder benützte. Er war von Ansehen alles andere als graziös. Manche der langhalsigen Formen wurden anschaulich als einer Schlange ähnlich beschrieben, die man durch den Körper einer Schildkröte gezogen hat."

In den prähistorischen Zeiten bedeckte das Meer die Gegend, wo sich jetzt die schottischen Lochs befinden.

Kann es sein, daß, nachdem das Meer sich zurückzog, Meerestiere zurückblieben und es irgendwie fertigbrachten, bis zum heutigen Tag zu überleben?
Wem das ein wenig weit hergeholt erscheint, der möge sich einmal folgendes überlegen: Der Coelacanthus war ein Fisch, den man aus fossilen Funden kannte, und von dem man mit Sicherheit annahm, er sei seit 250 Millionen Jahren ausgestorben. Im Jahr 1938 wurde einer lebend im Indischen Ozean schwimmend gefunden, und seitdem hat man eine ganze Reihe dieser Gattung gefangen.

5. Die verschwundene Expedition – ein gelöstes Geheimnis

„Es drängt mich, eine Ballonfahrt über das Eis zu machen. Ich bin willens, sogar den Nordpol mittels Ballon zu erreichen zu versuchen."

Der Sprecher war ein hochgewachsener Mann mit strengem Gesicht und dickem Schnurrbart, ein zweiundvierzigjähriger schwedischer Ingenieur namens Salomon August Andrée. 1894, als er diese Absicht äußerte, hatte noch niemand den Nordpol erreicht. Der nördlichste Punkt, bis zu dem jemand vorgedrungen war, lag bei 83 Grad 20 Minuten, das ist ungefähr 500 Meilen vom Nordpol entfernt. Doch Andrée äußerte seinen Plan voll Zuversicht. Er hatte eingehend darüber nachgedacht. Er war in den Vereinigten Staaten gewesen und hatte dort mit dem berühmten Ballonfahrer John Wise darüber gesprochen. Dann kaufte er einen Ballon, den er „Svea" taufte.

In diesem Ballon machte er einen Versuchsflug von 25 Meilen und erreichte eine Höhe von fast 11 000 Fuß. Dann beriet er sich mit einem anderen Experten, dem berühmten Arktisforscher Erik Nordenskjöld. Dieser war von Andrées Ideen beeindruckt. „Legen Sie Ihre Pläne schriftlich nieder", sagte er. „Bleiben Sie in Kontakt mit mir. Ich werde Ihnen helfen, wenn ich irgend kann."

So kam es, daß Andrée am 13. Februar 1895 zu einer öffentlichen Versammlung der schwedischen geographischen Gesellschaft sprach. Vorsitzender der Versammlung war

Erik Nordenskjöld. Er war ein berühmter Mann, und er hatte den unbekannten Andrée eingeführt.
Und das war gut so, sonst hätte ihm vielleicht niemand zugehört. Viele hielten das, was er sagte, für Größenwahn.
„Wir müssen einen anderen, moderneren und wirkungsvolleren Weg zum Nordpol finden als den von Hunden oder Menschen gezogenen Schlitten. Das spaltenreiche Eis macht ein solches Vorgehen langsam und schwierig, und letztlich wird die polare Abtrift eine solche Expedition immer von ihrem Ziel entfernen. Nun behaupte ich, daß beim gegenwärtigen Stand der Wissenschaft diese modernere und wirkungsvollere Methode der Ballon ist. Ja, meine Herren, der Ballon. Von günstigen Winden unterstützt, werden wir mit ihm den Pol erreichen und sicher zurückkehren können."
Die Zuhörer erkannten, daß Andrée seinen Plan sorgfältig durchgearbeitet hatte. Er wußte, welche Größe von Ballon er brauchte, und er hatte die Länge des Flugs genau berechnet. Er ließ sich Fragen stellen und beantwortete sie zuversichtlich. Als er sich schließlich setzte, applaudierten die Zuhörer begeistert. Andrée hatte sie überzeugt.
Andrée brauchte für sein Vorhaben einen größeren Ballon als bisher gebaut worden war, denn zusätzlich zu Proviant und anderen Vorräten für drei Monate wollte er auch verschiedene wissenschaftliche Instrumente und alle möglichen Geräte mitführen. Um all das zu bezahlen, brauchte er 130 000 Kronen. Er war bereit, sein Privatvermögen einzusetzen, doch das reichte bei weitem nicht. Der Rest mußte durch Spenden und Subventionen aufgebracht werden.
Der König von Schweden gab eine große Summe, und

einige reiche Leute taten es ihm nach. Bald hatte Andrée die 130 000 Kronen beisammen, und er schickte Skizzen des gewünschten Ballons an Hersteller in mehreren Ländern. Schließlich bekam eine Pariser Firma den Auftrag, den Ballon zu bauen Er sollte ein Volumen von 10 000 Kubikmetern haben, und das nahm eine Bauzeit von sechs Monaten in Anspruch. Andrée nannte ihn „Ornen", das heißt Adler.

Inzwischen untersuchte Andrée die Winde, die in der Arktis vorherrschen – das heißt, soweit davon etwas bekannt war. Der Startpunkt seiner Expedition sollte Danes Island bei Spitzbergen in Norwegen sein. Spitzbergen liegt weit nördlich des Polarkreises.

Von dort sind es ungefähr 800 Meilen bis zum Nordpol. Andrée hoffte auf einen Rückenwind von 20 Stundenmeilen, der ihn direkt über die polare Eiskappe nach Alaska bringen sollte.

Ein solcher Ballonflug war bis jetzt noch nie gemacht worden, aber schließlich hatte auch noch niemand einen Ballon wie Andrée zur Verfügung gehabt. Er war sicher, den Flug erfolgreich zu beenden. Er hatte ein System erfunden, um den Ballon zu steuern, nämlich lange Taue, die über das Eis oder das Meer schleiften. Diese Taue konnten falls nötig eingezogen werden, um das Gewicht des Ballons zu erhöhen.

Andrée hatte zwei Begleiter ausgewählt. Der eine war Dr. Nils Strindberg, ein vierundzwanzigjähriger Naturwissenschaftler, ein sehr großer Mann von kräftigem Körperbau. Der andere war Professor Nils Ekholm, ein Meteorologe.

Im Sommer des Jahres 1896 beförderte Andrée den Ballon „Ornen" per Schiff nach Danes Island. Bald war alles bereit, und nur mehr der Südwind fehlte, dann sollte gestartet werden. Andrée war der Meinung, im Sommer wehten in der Arktis ständig stete Südwinde.

Jeder Tag begann mit neuer Hoffnung und endete mit neuer Enttäuschung. Der Wind blies immer von Norden, er hätte also den Ballon statt zum Nordpol zurück nach Schweden getrieben.

Am 17. August 1896, als der Winter nahte, montierte Andrée enttäuscht den Ballon ab und kehrte nach Schweden zurück.

Dort mußte er feststellen, daß seine Beliebtheit geschwunden war. Schon vorher hatte man seinen Plan, zum Nordpol zu fliegen, vielfach belächelt, jetzt griff man die Expedition heftig an. Zu allem Überfluß zog Professor Ekholm sich zurück und erklärte: „Ich bin zur Überzeugung gekommen, daß der Ballon nicht geeignet ist, zum Nordpol zu fliegen."

Doch Andrée gab die Hoffnung nicht auf. Ekholms Platz nahm ein junger Ingenieur, Knut Fraenkel, ein. Zusammen kehrten sie im Frühling 1897 nach Danes Island zurück. Andrée glaubte immer noch, daß in der Arktis für den größten Teil des Jahres südliche Winde wehten, und er war fest entschlossen, sie diesmal nicht zu verfehlen.

Mitte Juni war wieder alles bereit, und wieder wartete Andrée auf den Südwind. Zehn Tage vergingen. Der Wind schlug nicht um. Es wurde Juli. Der Wind kam manchmal aus Norden, manchmal aus Westen. Nur aus Süden kam er nie.

Endlich am 6. und 7. Juli drehte der Wind auf Süd. Er drückte den Ballon gegen die Hangarwand und verursachte einigen Schaden, doch er ließ auch die Hoffnung steigen. Andrée jedoch schüttelte den Kopf. „Dieser Wind hält nicht an", sagte er, und er behielt recht. Bald kam der Wind wieder aus Norden.

In den frühen Morgenstunden des 11. Juli erhob sich ein böiger Südwind. Das wurde Andrée berichtet, und er machte sich sofort fertig. Er hatte auf der Insel ein kleines Observatorium errichtet, dort eilte er jetzt hin, um das Wetter in allen Einzelheiten zu studieren. Er stellte fest, daß der Wind nicht direkt aus Süden, sondern aus südsüdwestlicher Richtung kam. Seine Geschwindigkeit in Bodennähe betrug fünfzehn bis zwanzig Stundenmeilen.

Waren das die richtigen Startbedingungen? Das mußte Andrée erst genau überdenken. Inzwischen wurde alles für den Fall hergerichtet, daß er sich zu starten entschloß.

Um neun Uhr war alles bereit. Der Himmel über ihnen war jetzt klar, nur in der Entfernung türmten sich Wolken auf. Andrée sprach mit Strindberg und Fraenkel. „Was meint ihr? Sollen wir es wagen?"

Strindberg zögerte nicht. „Ja", gab er zurück. „Ich glaube, wir sollten die Chance wahrnehmen."

Fraenkel war zunächst nicht so sicher, doch dann stimmte er zu.

Andrée verkündete, er sei zum Starten bereit, doch er gab zu, er täte es „ohne große Überzeugung".

Die schwarze Ballonhülle erhob sich vom Boden. Die Gondel wurde darunter angebracht.

Chef der Bodengruppe war der Kapitän des Schiffs, das Andrée nach Danes Island gebracht hatte. Andrée verabschiedete sich mit Handschlag von ihm und gab ihm zwei Botschaften mit, eine für den schwedischen König, die andere für die Zeitung „Aftonbladet". Die Botschaften enthielten die Mitteilung vom Start der Expedition. Dann kletterten die drei Männer in die Gondel.

Die Bodengruppe hielt den Ballon an Tauen fest. Jetzt rief Andrée ihnen zu: „Eins, zwei, drei, loslassen!" Es geschah, und der Ballon erhob sich in die Luft. Von

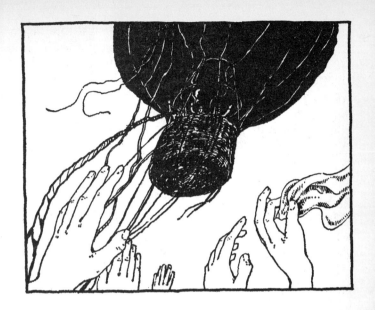

Andrée und seinen Gefährten kam der Ruf: „Lang lebe Schweden." Die Bodengruppe brach in Hurrarufe aus und schrie: „Viel Glück!"
Der Ballon bewegte sich langsam dem Meer zu, die Steuertaue hingen ins Wasser. Viel Höhe hatte er nicht gewonnen. „Was tut er denn?" rief jemand. „Im nächsten Augenblick liegen sie im Wasser!"
Der Ballon enthielt Sandsäcke als Ballast, und endlich wurden neun davon der Reihe nach über Bord geworfen. Doch der Ballon stieg immer noch nicht. Er trieb langsam aufs Wasser zu, und gleich darauf berührte er es mit gewaltigem Platschen.
Sofort wurden zwei Boote zu Wasser gebracht und hingerudert. Doch die drei Männer brauchten keine Hilfe. Der Ballon erhob sich plötzlich majestätisch in die Luft und

zog mit dem Wind nach Norden. Die Zuschauer schätzten seine Geschwindigkeit auf zwanzig Stundenmeilen.
Als der Ballon in der Ferne verschwand, machte die Bodengruppe kehrt. Da bemerkte jemand auf dem Boden einen Haufen Taue – ein Teil von Andrées Steuerung. Sie hatten sich in etwas auf der Erde verfangen und waren beim Aufstieg vom Ballon abgerissen. Damit war Andrées Traum, den Ballon mit Tauen steuern zu können, ausgeträumt. Er war den Winden völlig ausgeliefert.
Er führte in der Gondel 32 Brieftauben mit, die er von Zeit zu Zeit mit Nachrichten fliegen lassen wollte. Er konnte nur hoffen, daß sie den Weg zurück in die Heimat finden würden.
Am 16. Juli, morgens zwischen eins und zwei, hörte Kapitän Ole Hansen des Waldampfers „Alken" in der Takelage seines Schiffs Flügelschlag. Als er hinsah, erkannte er einen fremdartigen Vogel, der erschöpft zu sein schien. Er schoß den Vogel, der ins Meer fiel. Hansen fand es nicht der Mühe wert, deshalb ein Boot auszusetzen.
Später am selben Tag traf die „Alken" mit einem anderen Walfänger zusammen, und ihr Kapitän erzählte dem des anderen Schiffs von dem Vogel. „Ich halte ihn für ein Schneehuhn", meinte er.
„Könnte es nicht eine von Andrées Brieftauben gewesen sein?" fragte der andere.
„Ich wußte nicht, daß er schon unterwegs ist."
Je länger er über den Vogel nachdachte, um so mehr Vorwürfe machte er sich, er könne eine Brieftaube mit einer Nachricht geschossen haben. Schließlich segelte er zurück zu der Stelle, was für das Schiff eine Wendung von 180 Grad bedeutete.
Dem Mann im Auslug war eingeschärft worden, Ausschau nach einem Vogelkörper im grauen Wasser zu halten, und

unglaublich, aber wahr, er entdeckte ihn. Schnell wurde ein Boot zu Wasser gelassen und das tote Tier aufgefischt.
Es war tatsächlich eine Brieftaube. Unter dem Flügel trug sie ein dünnes Röhrchen, das gewachstes Papier enthielt, und darauf stand: „Von Andrées Polexpedition an Aftonbladet, 13. Juli, 12 Uhr 30. Position: Breite 82.02 Nord, Länge (Greenwich) 15.15. Dies ist die dritte mit einer Taube geschickte Nachricht. Alles wohl an Bord. Kommen flott weiter."
Die Nachricht wurde an die Zeitung weitergegeben, die sie veröffentlichte. Nun wartete man gespannt auf weitere Botschaften. Doch es kam keine mehr.
Der Winter 1897–98 kam und ging, und wer immer aus der Arktis zurückkehrte, wie etwa Walfänger, wurde sofort gefragt: „Habt ihr etwas von Andrée gehört?" Die

Antwort war immer die gleiche. Niemand hatte von ihm etwas gehört oder gesehen.

Falls der Ballon auf dem Eis niedergegangen war, hätten Andrée und seine Gefährten den Winter überstehen können. Sie hatten reichlich Ausrüstung und Proviant mit. Angesichts dieser Tatsache brachen vier verschiedene Expeditionen auf, um die Ballonfahrer zu suchen. Alle kehrten ergebnislos zurück.

Am 14. Mai 1899 fanden Fischer im Kolla-Fjord an der isländischen Nordküste eine Boje mit einer Nachricht: „Diese Boje am Abend des 11. Juli 1897 um 10.55 Uhr G.M.T. aus Andrées Ballon abgeworfen. Breite ungefähr 82 Grad, Länge 25 Grad (Greenwich)." Die Boje war 672 Tage im Wasser getrieben, ehe sie gefunden wurde.

An sich sagte die Nachricht wenig aus, doch manche Leute hielten das Abwerfen der Boje an sich für bedeutungsvoll. Anscheinend hatte Andrée nicht nur den vorgesehenen Ballast über Bord geworfen. Mit anderen Worten: Der Ballon hatte in gefährlichem Ausmaß Höhe verloren.

Das schien sich am 27. August 1900 zu bestätigen. An diesem Tag wurde die Boje, die Andrée über dem Nordpol hatte abwerfen wollen, an der Küste der Finmark in Norwegen gefunden.

Sie hatte 1142 Tage im Wasser gelegen.

Die Boje war beschädigt, und Fachleute untersuchten sie sorgfältig. Sie war mit einer Schnur an der Gondel befestigt gewesen, und man vermutete, sie habe sich „als Folge eines harten Aufpralls" loslösen können.

Andrée war sich von Anbeginn der Expedition einer großen möglichen Gefahr bewußt. Das Material der Ballonhülle würde in schlechtem Wetter über der Polarregion naß werden. Die große Oberfläche der Hülle würde dabei ein beträchtliches Gewicht annehmen, und das könnte den

Ballon auf das Eis niederzwingen. Ein solcher Aufprall auf dem Eis mochte die Boje losgerissen haben.
Um diese Zeit wurde eine ungeheure Menge von Vermutungen über das Schicksal Andrées und seiner Kameraden angestellt, und zahllose Gerüchte gingen um. Einmal wurde gemeldet, ein geheimnisvoller Ballon sei über Alaska gesichtet worden. Dann wurde – fälschlich – behauptet, man habe die Leichen der drei Männer in einem Wald beim Jenisei-Fluß in Sibirien gefunden, angeblich von Eskimos ermordet.
Wieder lief eine Suchexpedition aus – diesmal an die Ostküste von Grönland, wo der Ballon möglicherweise niedergegangen sein könnte. 250 Meilen der Küste wurden abgesucht, doch gefunden wurde nichts.
Im Jahr 1900 sprach der berühmte norwegische Polarforscher Fridtjof Nansen beim geographischen Kongreß in Berlin über Andrée. Er sagte: „Es besteht leider keine Hoffnung, daß wir die unglücklichen Forschungsreisenden wiedersehen werden. Wir müssen der Tatsache ins Gesicht sehen, daß sie verloren sind."
Niemand kannte die Verhältnisse in der Arktis besser als Nansen. Er hatte während fünf Monaten das Polareis über 500 Meilen durchquert. Wenn er der Ballonexpedition keine Chancen mehr gab, war jede Hoffnung dahin.
Die Zeit verging. Das Rätsel blieb bestehen, das Interesse daran schwand. Doch im Ethnographischen Museum von Stockholm lagen in Form von fünf Ausstellungsobjekten bleibende Zeugen der unglücklichen Expedition, nämlich zwei Nachrichten, zwei rostige Bojen und eine ausgestopfte Brieftaube. Wer sie besichtigte, stellte unwillkürlich immer dieselben quälenden Fragen: Was war das Schicksal von Andrée, Strindberg und Fraenkel? Haben sie tatsächlich als erste den Nordpol erreicht?

Es schien auf der Hand zu liegen, daß diese beiden Fragen nie beantwortet werden würden. Die drei Männer waren in der Arktis verschwunden, und damit war ihre Geschichte wohl zu Ende. Dennoch, dies war nicht das Ende. Die Lösung des Geheimnisses wartete nur darauf, gefunden zu werden.

White Island liegt nördlich des Polarkreises. Für gewöhnlich ist es von Packeis eingeschlossen, und daher wird es nicht oft besucht. Doch im August 1930 fand ein norwegisches Schiff, die „Bratvaag", dicht dabei offenes Wasser und ließ den Anker fallen. Einige Matrosen gingen an Land, um Seehunde zu jagen. Plötzlich stieß einer von ihnen einen Schrei des Erstaunens aus. „Schaut euch das an!" Er hielt den Deckel eines Kochtopfes in der Hand.

„Woher kann der nur stammen", fragte ein anderer. „Ich habe noch nie gehört, daß jemand auf White Island gelandet ist."

Die Matrosen sahen sich nach weiteren Fundstücken um. Bald entdeckten sie unter dem Schnee die Reste eines Lagers und die Leiche eines Mannes. Ferner fanden sie einen Jutesack mit dem Aufdruck: „Andrées Polexpedition 1896."

Die Matrosen hatten das 33 Jahre alte Rätsel des Verschwindens von Salomon Andrée gelöst, denn er war es, dessen Leiche sie gefunden hatten. Seine Jacke trug das Monogramm A.

Ein Mann von der „Bratvaag" fand später auch die Leiche Strindbergs und verschiedene Gegenstände der Expedition, darunter ein Faltboot aus Segelleinen. Der Kapitän nahm die beiden Leichen an Bord und brachte sie sofort nach Schweden.

Als die Nachricht sich verbreitete, schlug sie ein wie eine Bombe, und sofort brach eine Gruppe von Reportern in einem Seehundfänger nach White Island auf. Der Leiter dieser Gruppe, Knut Stubbendorff, durchsuchte die Insel äußerst genau. Er fand Knut Fraenkels Leiche, Logbücher von Strindberg, Andrées Tagebuch und seine Kamera. Die Logbücher und das Tagebuch enthüllten fast die ganze Geschichte.

Als der Ballon durch den dicken arktischen Nebel trieb, sog sich seine Hülle mit Wasser voll, und dessen Gewicht zwang die Männer, am frühen Morgen des 14. Juli auf dem Eis niederzugehen. Sie hatten 82 Grad 56 Minuten nördlicher Breite erreicht und hatten die dreihundert Meilen von Danes Island in 66 Stunden 14 Minuten zurückgelegt.

Beim Landen wurde der Ballon nicht beschädigt, und die drei Männer luden Proviant und Ausrüstung aus und machten sich auf den Weg zum nächsten Festland, das 216 Meilen südlich lag. Der Weg führte über Packeis.

In guter Stimmung zogen sie die mit Proviant beladenen Schlitten. Andrée machte täglich Notizen über Temperatur, Wind und ähnliches. Vielleicht konnten diese Aufzeichnungen künftigen Forschern nützlich sein.

Er nahm auch täglich ihre Position, bei Tag von der Sonne, bei Nacht von den Sternen. Bald merkte er, wie langsam sie vorwärts kamen. Während sie nach Süden marschierten, trieb das Eis, auf dem sie gingen, nach Norden.

Zwei Monate mühten sie sich so und schossen gelegentlich Eisbären und Seehunde als Ergänzung des Proviants. Dann kam der Winter. „Wir müssen ein Lager für den Winter errichten, bestimmte Andrée."

Sie nahmen an, sie befänden sich auf einer Insel und bau-

ten eine Hütte aus Eisblöcken. Doch es war ein Eisberg, der eines Morgens mit schrecklichem Krachen auseinanderbrach, die Hütte sank ein, und Proviant und Ausrüstung fielen ins Wasser.

Sie retteten, was sie konnten, und gingen weiter über das Eis nach White Island. Hier errichteten sie wieder ein Lager und bauten eine Hütte aus Stein. An dieser Stelle wurden ihre Leichen 33 Jahre später gefunden.

Die letzte Eintragung in Andrées Tagebuch ist mit dem 17. Oktober 1897 datiert, 98 Tage nachdem die Expedition von Danes Island aufgebrochen war.

Andrées Kamera enthielt Platten in gutem Zustand. Davon wurden später Abzüge hergestellt. Einer zeigt das Wrack des „Ornen" auf dem Eis, auf einem anderen steht Andrée mit dem Gewehr neben einem erlegten Eisbären.

Warum Andrée und seine Gefährten starben, bleibt dennoch ein Geheimnis. In der Nähe ihres letzten Lagers wurden große Proviantvorräte gefunden, und der Petroleumofen war in Ordnung. An Hunger und Kälte mußten sie also nicht sterben.

In Schweden waren die Forscher nie vergessen worden. 1930 wurden ihre Leichen im Kriegsschiff „Svenskund", das vor 33 Jahren mit Andrée zum Danes Island gefahren war, heimgebracht. In Göteborg sahen 75 000 Menschen, wie Kränze an Bord gebracht wurden, und dann dampfte die „Svenskund", von anderen Marinefahrzeugen begleitet, an der Küste nach Stockholm. Wo die Flottille vorbeikam, läuteten am Ufer die Kirchenglocken zum Gedenken an drei sehr tapfere Männer.

6. UFOs

Kenneth Arnold, ein junger amerikanischer Geschäftsmann, steuerte am 24. Juni 1947 sein Privatflugzeug über die Cascade Mountains im Bundesstaat Washington. Als er sich dem Mount Rainier näherte, sah er in einer Entfernung von 25 Meilen neun runde Gegenstände mit hoher Geschwindigkeit sich in der Luft fortbewegen. Gleichzeitig war eine Maschine vom Typ Douglas DC 4 in der Luft, und es schien Arnold, daß die runden Gegenstände etwas kleiner seien als dieses Flugzeug. Sie flogen, „als wären sie aneinandergehängt", und bewegten sich zwischen den hohen Berggipfeln „mit ruckartigen, seltsamen Bewegungen".

Als er gelandet war, beschrieb er, was er gesehen hatte. Einem Zeitungsreporter sagte er, die Gegenstände „seien wie eine Untertasse geflogen, die man über das Wasser springen läßt". Diese Worte gaben dem, was er gesehen hatte, den Namen: Kenneth Arnold war der erste, der „fliegende Untertassen" gesehen hatte.

Ein paar Wochen später waren aus verschiedenen Teilen der Welt, aus Kanada, Australien, England und dem Iran, Berichte über ähnliche Begegnungen eingegangen.

Von Anfang an gab es großes Rätselraten über die Natur dieser fliegenden Untertassen. Ein amerikanischer Zeitungsreporter behauptete, die Untertassen seien ein neuer, geheimer Flugzeugtyp, „eine Kombination von Helikopter und schnellem Jet". Das stimmte nicht. 1947 herrschte der sogenannte Kalte Krieg zwischen den Vereinigten Staaten und der Sowjetunion, und ein berühmter Journalist schrieb, die Untertassen seien ein neues Spionageflugzeug, das Rußland ausgeschickt habe. Dann wieder hieß es, die fliegenden Untertassen kämen von anderen Planeten.

Wie es bei Zeitungen der Brauch ist, in den nächsten Monaten wurden eine Menge Geschichten von fliegenden Untertassen veröffentlicht, und viele davon waren entweder erfunden oder beruhten auf einem Irrtum. Doch immerhin klangen einige Geschichten echt genug, um bei maßgeblichen Leuten die Frage zu erheben: Gibt es fliegende Untertassen? Mit der Zeit verzichtete man auf diesen Ausdruck und benützte den wissenschaftlicher klingenden Namen „unidentified flying object", also „nichtidentifizierter fliegender Gegenstand". Und seit 1947 wird in den Vereinigten Staaten eine gründliche Untersuchung über die UFOs durchgeführt.

Ein Fachmann der US-Army Air Force suchte Kenneth Arnold auf und befragte ihn über seine Beobachtung. Die Aussagen des jungen Mannes waren völlig klar. Ungefähr um drei Uhr nachmittags fiel ihm ein heller Lichtschein am Himmel auf, dann sah er die neun Gegenstände. Er sagte: „Als sie sich dem Berg näherten, sah ich ihre Umrisse ganz deutlich. Sie flogen sehr nahe bei den Berggipfeln, und sie waren wie Gänse in einer diagonalen Kette angeordnet, so als wären sie miteinander verbunden. Sie waren flach wie eine Bratpfanne und so glänzend, daß sie die Sonne wie einen Spiegel zurückwarfen." Arnold schätzte, daß die Gegenstände in einer Höhe von 9500 Fuß und mit einer Geschwindigkeit von ungefähr 1700 Meilen pro Stunde flogen – dreimal schneller als im Jahr 1947 das schnellste Flugzeug.

Der Fachmann reichte diesen Bericht bei höchster Stelle ein. Er war der Ansicht, Arnold spreche die Wahrheit. „Wenn er diese Geschichte erfunden hat, dann hat er den falschen Beruf. Dann sollte er Science-fiction schreiben, damit könnte er viel Geld verdienen."

Andererseits ließen sich gegen seinen Bericht eine Menge Einwände vorbringen. Arnold hatte die Länge der Gegenstände auf ungefähr 50 Fuß geschätzt. Manche Fachleute erklärten, er könne bei einer Entfernung von 25 Meilen einen Gegenstand von dieser Größe nicht gesehen haben. Auch seine Schätzung der Fluggeschwindigkeit bekrittelten sie. „Wenn die Gegenstände so schnell geflogen wären, hätte er sie nicht wahrnehmen können."

Schließlich brachten die Fachleute eine Erklärung für Arnolds Beobachtung zutage: Es war eine Luftspiegelung, hervorgerufen durch „ungewöhnliche atmosphärische Verhältnisse". Diese Erklärung nahm Arnold nicht an. Er sagte: „Ich bin dessen, was ich gesehen habe, völlig sicher."

Inzwischen war es allgemein bekannt, daß Beobachtungen von nichtidentifizierten fliegenden Gegenständen nichts Neues sind. Solche Berichte gehen bis auf dreitausend Jahre zurück. Teilweise werden dazu auch die Erzählungen von Feuerwagen, strahlenden Lichtern und seltsamen Wolken gerechnet, die sich in der Bibel finden.

Ein runder Gegenstand, der wie eine Kugel oder ein Schild aussah, soll sich in der Frühzeit des Römischen Reiches über den Himmel bewegt haben. Ein anderes Mal soll eine Feuerkugel, strahlender als die Sonne, gesichtet worden sein, die erst zur Erde fiel und dann wieder aufstieg.

Im Jahr 80 n. Chr. berichteten römische Soldaten in Schottland, sie hätten in einer Winternacht helle Flammen am Himmel und etwas Schiffsartiges sich über den Himmel bewegen gesehen. Fünfzehn Jahre später zog in Rom etwas wie ein brennender Schild über den Himmel.

Auch im Mittelalter liefen ähnliche Geschichten um. Matthäus von Paris hält fest, daß eines Abends etwas wie ein sehr heller Stern über England am Himmel dahinzog und im Norden verschwand. Er stellt fest, daß Mönche in St. Albans am Himmel etwas wie ein Schiff jener Zeit sahen.

Robert von Reading bemerkt, daß 1323 am Himmel über England eine feurige Form gesehen wurde, und die Beobachter erwähnten, daß immer dann, wenn eine leuchtend rote Flamme daraus hervorschlug, der Gegenstand schneller wurde.

Andere mittelalterliche Chronisten beschreiben helle Lichter, Kugeln, runde Scheiben und andere seltsame Formen, die sie am Himmel sahen.

Seeleute auf einem spanischen Handelsschiff sahen im Jahr 1644 am nächtlichen Himmel verschiedene feurige Gegenstände. Hin und wieder brachen die Gegenstände aus der Reihung aus und bewegten sich regellos, dann sammelten sie sich wieder und verschwanden schnell außer Sicht.

Der berühmte Chronist John Evelyn beschreibt eine „leuchtende Wolke", die er im März 1643 über England sah: „Ich darf nicht vergessen, was uns in der Nacht zuvor außerordentlich verblüffte, nämlich eine glänzende Wolke in der Luft, von der Gestalt eines Schwertes, dessen Spitze nach Norden zeigte. Sie war so hell wie der Mond. Der übrige Himmel war klar. Das Schauspiel begann ungefähr um elf Uhr abends und verschwand erst um ein Uhr morgens. Es wurde überall in Südengland gesehen."

1742 wird von einem großen, grell beleuchteten, zylinderförmigen Gegenstand berichtet, der über London gesehen wurde.

1833 erschien eine leuchtende, hakenförmige Gestalt über Ohio in den Vereinigten Staaten, und im gleichen Jahr beobachtete man in Niagara-Falls im Staat New York ein großes, glühendes Objekt. 1846 flog eine große, runde Scheibe über Lowell, Massachusetts.

Der Astronom Coggia beobachtete am 1. August 1871 über Marseille einen großen, roten Gegenstand.

Am 17. November 1882 sah der Astronom E.W. Maunder, der vom Königlichen Observatorium Greenwich aus das Fernrohr auf den Himmel richtete, eine große, kreisrunde Scheibe, die ein grünliches Licht ausstrahlte. Auch andere sahen in dieser Nacht den beschriebenen Gegenstand, der Zigarrenform hatte, und einem Torpedo oder einer Spindel ähnelte. Mr. Maunder hatte den Gegenstand zwei Minuten lang deutlich vor sich.

Zwei Damen in Bermuda, Mrs. Adelina Bassett und Mrs.

L. Lowell, sahen 1885 am Himmel einen dreieckigen Gegenstand. „Er hatte ungefähr die Größe eines Großsegels auf einem Lotsenboot, an dem unten Ketten befestigt sind."
Im Frühling 1897 brachten die Zeitungen besonders viele Berichte von nichtidentifizierten fliegenden Objekten, die beobachtet wurden. Leute in Omaha, Nebraska, sahen einen hell erleuchteten Gegenstand, der für einen Ballon zu groß war. Eine Woche später behauptete ein Farmer in Sioux City, Iowa, er sei von einem Haken, der von einem ähnlichen Gegenstand herabhing, erfaßt und über den Boden geschleift worden. Eine Woche später sahen die Leute von Omaha wieder den hell erleuchteten Gegenstand in der Luft, und diesmal glaubten sie einen stählernen Rumpf zu erkennen und schätzten die Länge auf fünfzehn Fuß. Weitere Berichte kamen von Mr. Carroll (Illinois), Wausau (Wisconsin), Washington D. C. und Orten in Texas und Virginia. Manche Gegenstände werden als zigarrenförmig geschildert und sollen rote, grüne und weiße Flammen ausgesandt haben.
1912 bemerkte Charles Tilden Smith in Chisbury, Wiltshire, am Himmel zwei dreieckige Gegenstände. Smith erklärte, er beobachte den Himmel seit Jahren und habe nie etwas Ähnliches gesehen.
An verschiedenen Stellen über England wurden im Januar und Februar 1913 zu verschiedenen Zeiten „unbekannte Luftschiffe" gesichtet. Was sie auch gewesen sein mögen, sie strahlten starkes Licht aus. Später hörte man dafür eine einfache Erklärung: Zeppeline bombardierten im Ersten Weltkrieg Großbritannien, und sie mögen kurz vor dem Krieg auf Spionageflüge ausgeschickt worden sein.
Im Juli 1938 flog ein UFO über New York. Es glänzte stark und gab ein Geräusch von sich, das als „starkes Zi-

schen", „andauerndes Sausen" und „entferntes Rauschen" beschrieben wurde. Es kam am Horizont außer Sicht und fiel möglicherweise ins Meer. Fachleute behaupteten, es sei ein großer Meteor gewesen, womit aber nicht alle Beobachter einverstanden sind. Ein Dozent des Planetariums von New York sagte, es habe „einer Rakete mit feurigem Auspuff" geglichen. Einen anderen Zeugen hatte es an eine riesige Feuerwerksrakete erinnert.

In den Jahren vor dem Zweiten Weltkrieg gab es häufig Berichte über Flugzeuge, die spurlos im Meer verschwanden – *aber ohne daß ein bekanntes Flugzeug vermißt wurde.*

Geht man alte Jahrgänge von Zeitungen und Zeitschriften durch, findet man während eines ganzen Jahrhunderts ein beträchtliches Interesse an UFOs.

Nicht alle Berichte über fliegende Untertassen klingen echt, und nicht alle sind es wert, daß man sie ernsthaft studiert – sie sind zu verschwommen. Doch einige Berichte ragen aus der Menge hervor und entziehen sich jeder Erklärung. So ein Bericht vom 7. Januar 1948. Die Einwohner von Maysville, Kentucky, sahen ein merkwürdiges Flugzeug die Stadt überfliegen und berichteten davon der Straßenpolizei, die sich mit dem Luftstützpunkt in Godman bei Louisville in Verbindung setzte und anfragte, ob sie von dem Flugzeug wüßten. Die Antwort hieß „Nein", doch die Männer im Kontrollturm wollten danach Ausschau halten.

Einige Zeit später sah ein Kontrolloffizier etwas über dem Flugplatz. Es war ein großer, metallisch wirkender Gegenstand, der über dem Flugplatz zu schweben schien.

Zur selben Zeit näherten sich vier F-51-Kampfflugzeuge der National-Guard dem Flugplatz. Der Kontrollturm von Godman rief den Anführer, Hauptmann Thomas

Mantell, und bat ihn, sich das seltsame Flugzeug näher anzusehen.
Eine der Maschinen hatte nicht genügend Brennstoff, doch die anderen drei machten sich auf, um nachzuforschen. Zuerst sahen sie nichts, dann bemerkte Mantell bei 15 000 Fuß etwas über sich. Der Kontrollturm bat ihn, es zu beschreiben, und er erwiderte: „Es sieht metallisch aus und ist riesengroß. Jetzt beginnt es zu steigen." Sekunden später gab Mantell durch: „Ich steige jetzt auf 20 000 Fuß." Dann hörte man nichts mehr von ihm.
Die anderen beiden F 51 kehrten zur Basis zurück, doch Mantells Flugzeug war verschwunden. Später fand man vierzig Meilen von Godman das Wrack. Hauptmann Mantell war tot.
Mantells Tod löste eine Flut von wilden Gerüchten aus. Es hieß, seine Maschine sei explodiert, als sie in die Nähe des UFOs kam. Die Untersuchung der US-Air Force ergab etwas anderes. Die F 51 waren ursprünglich zu einem bodennahen Flug aufgebrochen und führten keine Sauerstofftanks mit. Bei einer Höhe von 20 000 Fuß hätte der Pilot jedoch Sauerstoff gebraucht. Vermutlich sei Hauptmann Mantell zu hoch geflogen, war bewußtlos geworden und abgestürzt.
Übrig blieb die Frage: Was war das für ein Gegenstand, der an jenem Tag über Godman gesichtet wurde? Die befriedigendste Erklärung scheint zu sein, es sei ein riesiger, hoch fliegender Ballon, ein Skyhook, gewesen. Die US-Navy benützte solche Ballons für Erkundungen. Doch es wurde nie bewiesen, daß am 7. Januar 1948 ein solcher Ballon in der Gegend von Godman gewesen sei.
Am Abend des 24. Juli 1948 flogen Clarence S. Chiles und John B. Whitted eine Douglas DC 3 der Eastern Airlines von Houston, Texas, nach Atlanta, Georgia. In der

Nähe von Montgomery, Alabama, flog ein strahlend glänzender Gegenstand ihnen entgegen, zog dann hoch und verschwand in den Wolken. Später beschrieben die beiden Männer den Gegenstand als zigarrenförmiges, flügelloses Flugzeug, ungefähr 100 Fuß lang. Es hatte eine glatte Oberfläche und zwei Reihen erleuchteter Fenster. Die Unterseite glühte dunkelblau und hinten entwichen auf eine Entfernung von über fünfzig Fuß Flammen.

Es war 2.45 Uhr morgens, die meisten Passagiere schliefen und sahen das UFO nicht. Doch um 1.45 Uhr desselben Morgens zog ein helles Licht über die Robbins Air Force-Basis in Macon, Georgia, und um 2.45 Uhr sahen zwei Militärpiloten, die einige Meilen von Montgomery entfernt flogen, in der Entfernung eine sehr helle Sternschnuppe.

Diese Beobachtungen wurden seitens der US-Air Force untersucht. Sie überprüften alle Maschinen in der Gegend und stellten fest, daß keine in der Nähe der DC 3 geflogen war. Doch sie entdeckten, daß in derselben Woche über dem Südosten der Vereinigten Staaten eine große Anzahl von Meteoren gesichtet worden war. Das helle Licht von Macon und das, was die beiden Militärpiloten gesehen hatten, waren vermutlich Meteore gewesen, ebenso wie wohl der Gegenstand, den Chiles und Whitted beobachtet hatten.

Diese Erklärung wurde nicht allgemein hingenommen, denn Chiles und Whitted waren verläßliche Zeugen, und ihre Aussagen deckten sich. Man reiht ihren Fall unter die klassischen UFO-Beobachtungen – eine, die durch Erklärungen nicht aus der Welt geschafft wurde.

Am Abend des 1. Oktober 1948 fand eine zweite solche Beobachtung statt. Leutnant George F. Gorman von der North Dakota Air National-Guard war im Begriff, seine

F 51 auf dem Flugfeld von Fargo zu landen. Er hörte vom Kontrollturm, daß eine Piper Cub vor ihm aufsetzen sollte. Gorman sah ihre Lichter, doch er sah noch ein anderes Licht, das sich bewegte. Sofort rief er den Kontrollturm und fragte, ob noch ein Flugzeug im Begriff sei zu landen. Das war nicht der Fall. Einer der Offiziere vom Kontrollturm sah durchs Fenster und sah ein helles, weißes Licht, das sich nach Norden bewegte.
Gorman rief wieder den Turm und sagte, er würde dem Licht folgen, um herauszubekommen, was es sei. Gorman, den man vom Turm aus mit Ferngläsern beobachtete, verfolgte das fliegende Licht von 1000 Fuß bis hinauf zu 14 000 Fuß. Während dieser Zeit änderte das Licht manchmal die Richtung und flog auf Gormans Maschine zu. 25 Meilen von Fargo entfernt schoß es plötzlich in die Höhe und verschwand.
Die US-Air Force stellte eine Untersuchung an. Außer Gorman hatten vier Leute das Licht gesehen: zwei Bodenoffiziere, der Pilot der Piper Cub und sein Passagier. Gorman war zwar sehr nahe gewesen, doch er hatte nichts gesehen als ein rundes, weißes Licht von sechs bis acht Zoll Durchmesser. Dennoch war er überzeugt, das Licht sei von jemandem gelenkt worden.
Die Erklärung der Untersuchungskommission war einfach: Ein beleuchteter Wetterballon war an diesem Abend in Fargo losgeschickt worden. Der Wind könnte ihn über das Flugfeld getragen haben. Nicht erklärt wurde jedoch, warum ein erfahrener Pilot wie Gorman, der Wetterballons kannte, nicht herausgefunden haben sollte, was er da jagte. Auch die jähen Richtungswechsel des Ballons blieben unerklärt.
Norman Muscarello, ein junger Mann aus Exeter, New Hampshire, ging am 3. September 1965 um zwei Uhr

früh nach Haus. Ein paar Meilen vom Ort sah er über einem Feld einen runden Gegenstand ungefähr achtzig oder neunzig Fuß im Durchmesser. Entlang dem Rand des Gegenstands befanden sich helle, flackernde rote Lichter, Muscarello ging sofort im Straßengraben in Deckung. Er sah zu, wie sich der Gegenstand fortbewegte, und lief dann auf die Straße, um ein Auto aufzuhalten. Jemand brachte ihn zur Polizeistation nach Exeter.

Er berichtete. Der Polizist hielt das Ganze zunächst für einen Witz, rief dann aber doch einen Streifenwagen herbei. Der Polizist, der ihn fuhr, Eugene Bertrand, hatte selbst eine merkwürdige Geschichte zu erzählen. Vor einer Stunde hatte er in einem geparkten Wagen eine Frau aufgefunden, die vor Angst außer sich war. Sie sagte, sie sei von einem großen Flugobjekt mit flackernden roten Lichtern verfolgt worden.

Bertrand fuhr Muscarello zurück zu dem Feld, und dort sahen sie beide den mysteriösen Gegenstand. Er schwebte ungefähr hundert Fuß über dem Boden. Bertrand meldete sich per Radio bei seiner Station. „Ich habe es selbst gesehen!" Und ein zweiter Streifenwagen, gefahren von David Hunt, stieß zu ihnen. Auch er sah das UFO.

In den folgenden Wochen berichteten viele andere Leute, sie hätten in der Gegend von Exeter UFOs gesehen. Die Beobachtung von Muscarello wurde von der US-Air Force untersucht. Dort bot man zwei mögliche Erklärungen an: 1. Flugzeuge der Strategic Air Command führten in dieser Nacht in der Gegend eine große Operation durch. 2. eine

Sinnestäuschung, hervorgerufen von Warmluftschichten, wodurch Sterne und Planeten in ungewöhnlichen Formationen erschienen sein könnten.
Keine der beiden Erklärungen deckt sich mit allen Tatsachen dieses Falles, und der Gegenstand wurde offiziell als nichtidentifiziert eingestuft. Wieder ein klassischer Fall.
Seit den ersten Berichten von fliegenden Untertassen haben viele Leute in allen möglichen Ländern von Beobachtungen erzählt. Diese Geschichten wurden von offiziellen Untersuchungskommissionen nie ernst genommen. Sie konnten nie bewiesen werden.
Ein Amateurastronom namens George Adamski behauptet, seit 1950 viele Male Menschen von anderen Planeten begegnet zu sein. Er habe sich mittels Zeichensprache mit ihnen unterhalten und sei in ihren Raumschiffen gefahren, einmal sogar um den Mond herum. Er legte Fotos vor, die das belegen sollten, doch er konnte die Echtheit der Bilder nicht beweisen.
Im Lauf der Jahre wurden von verschiedenen Leuten viele Fotos, angeblich von fliegenden Untertassen vorgezeigt. Einige davon waren eindeutig Fälschungen. Andere konnten nur mit ziemlichem Zweifel als Bilder von fliegenden Untertassen hingenommen werden.
Ein weiterer Bericht von Männern aus dem Weltraum kam von Sergeant Lonnie Zamora bei der Polizei von Socorro (Neumexiko) im April 1964. Zamora war auf Streifendienst außerhalb der Stadt, als er ein lautes Geräusch hörte und am Himmel Flammen sah. Er ging der Sache sofort nach.
Er verließ die Straße und fuhr auf einem Kiesweg querfeldein. Der Weg führte einen steilen Hügel hinauf. Als er oben anlangte, waren die Flammen verschwunden. Jenseits sah er etwa 150 oder 200 Yards entfernt etwas Glän-

zendes, das wie ein umgestürztes Auto wirkte. Zamora hielt an. Dicht bei dem glänzenden Gegenstand sah er zwei Gestalten in weißen Overalls stehen.
Zamora fuhr näher und stieg aus. Während er das tat, ertönte wieder ein lautes Geräusch, und blaue und orange Flammen schlugen unter dem glänzenden Gegenstand hervor. Er erhob sich vom Boden und verschwand schnell gegen den Horizont zu.
Bald danach stieß Sergeant Sam Chavez zu Zamora. In der Nähe der Stelle, wo der glänzende Gegenstand gestanden war, fanden die beiden Männer versengtes Unterholz, und dann bemerkte Chavez vier flache Löcher im Boden. Sie waren zwölf bis vierzehn Zoll lang und ein bis zwei Zoll tief. Sie konnten wohl durch eine landende Maschine entstanden sein.
Nun erschienen der stellvertretende Sheriff von Socorro, ein FBI-Agent und ein Armeeoffizier von einem nahen Posten. Sie untersuchten alles genau und fotografierten. Später führten auch Experten der US-Air Force eine Untersuchung durch, um herauszufinden, was das nichtidentifizierte fliegende Objekt gewesen sein konnte.
Es gelang ihnen nicht, eine brauchbare Erklärung zu geben. Sergeant Zamoras UFO blieb „unidentified", genauso wie das Geheimnis der beiden Gestalten, die er gesehen hatte. Später beschrieb er sie als „von normaler Gestalt, aber möglicherweise zwei kleine Erwachsene oder große Kinder".
Seit der Beobachtung von Kenneth Arnold war man in den Vereinigten Staaten beunruhigt, und im Februar 1948 eröffnete die US-Air Force die „Operation Sign". Ihr Ziel war, ernst zu nehmende Berichte über UFOs zu untersuchen. Im Jahr darauf wurden 243 Beobachtungen untersucht. Am Ende dieses Zeitraums wurde offiziell bekannt-

gegeben, man sei außerstande, zu beweisen oder nicht zu beweisen, daß die UFOs unbekannte Flugzeugtypen seien. 1949 wurden 244 Beobachtungen von UFOs untersucht. Für 77% davon wurden Erklärungen gefunden. Daraufhin wurde die Operation beendet. Doch man sah die geheimnisvollen Gegenstände immer noch überall in den Vereinigten Staaten, also wurde eine zweite Operation gestartet. Sie hieß „Project Blue Book", lief von 1950 bis 1969 und untersuchte etwa 12 000 Fälle. Bis auf einen kleinen Prozentsatz konnten alle erklärt werden.

Welche Gegenstände veranlassen die Leute, ein UFO zu melden? Mehr als 2000 Beobachtungen erwiesen sich als solche von Planeten, hellen Sternschnuppen, leuchtenden Sternen und ähnlichem. 1500 erwiesen sich als hochfliegende Flugzeuge. Ungefähr 800 waren künstliche Satelliten. 500 waren alle möglichen Arten von Ballons. Andere Berichte bezogen sich auf Sinnestäuschungen, Vogelschwärme und sogar auf Wolken.

In dem Jahr, in dem „Project Blue Book" auslief, erschien von der Universität von Colorado ein Buch von 1465 Seiten, betitelt „Wissenschaftliche Studie von fliegenden Gegenständen". Gelehrte der Universität hatten seit 1966 unter Dr. Edward U. Condon UFOs studiert. Die halbe Million Dollar, die ihre Arbeit kostete, wurde von der Air Force bereitgestellt, und sie konnten die Informationen des „Project Blue Book" verwerten. Der Bericht schließt: „Das Studium der UFOs in den letzten zwanzig Jahren hat nichts ergeben, was der Wissenschaft neue Erkenntnisse gebracht hätte."

Dem Condon-Report folgte bald ein Buch von Dr. David Saunders: „UFOs? Ja! Wo sich das Condon-Komitee irrte." Doch weder das „Project Blue Book" noch der Condon-Report leugnete die Existenz von UFOs. Immer

blieb der kleine Prozentsatz von Beobachtungen, der sich nicht erklären ließ.
Was sind nun diese UFOs? Sind sie Boten aus dem Weltall? Bringen sie Wesen einer anderen Welt? Das wird vielfach geglaubt. Gabriel Green, Präsident des Vereinigten Fliegenden-Untertassen-Klubs von Amerika, gehört zu diesen. Er hat gesagt: „Die Bewohner anderer Welten bleiben fern, weil sie fühlen, daß unsere von Unruhen geschüttelte Erde sie entweder als Götter verehren oder als Eroberer fürchten würde."
Vielleicht müssen wir auf eine Erklärung für die UFOs warten, bis wir sie von einer anderen Welt erhalten.

7. Atlantis – ein verlorener Kontinent?

Seit Jahrhunderten gibt es Leute, die glauben, daß unter dem Wasser des Atlantischen Ozeans ein verlorener Kontinent liegt. Man hat den Kontinent sogar auf Landkarten eingezeichnet, und mehr als zweitausend Bücher und Artikel wurden darüber geschrieben. In der zweiten Hälfte des 19. Jahrhunderts wollte ein Premierminister von England, William Gladstone, eine Expedition ausschicken, um den verlorenen Kontinent zu suchen, doch die Regierung verweigerte ihm das dafür nötige Geld.

Der Name dieses Kontinents ist Atlantis. Hat ein solches Land jemals existiert? Falls es existierte, lag es im Atlantischen Ozean?

So wie wir die Geschichte von Atlantis kennen, geht sie auf das Jahr 355 v. Chr. zurück. Der griechische Philosoph Plato erzählt sie in zweien seiner Werke, in den Dialogen „Timaeus" und „Critias". In Timaeus berichtet er, wie er von dem Land Atlantis erfuhr. Der Bericht wurde, so sagt er, 60 Jahre zuvor von einem Mann namens Critias überliefert, und diesem Critias zufolge wurde sie seit Solon in seiner Familie von Generation zu Generation weitergegeben. Solon hatte die Geschichte also 150 Jahre früher einem Familienmitglied des Critias erzählt.

Solon hatte im ägyptischen Sais die Tempelpriester besucht und sie hatten alte Überlieferungen ausgetauscht. Eine der Geschichten der Priester handelt von dem griechischen Stadtstaat Athen. Neuntausend Jahre zuvor, so

sagten die Priester, gab es außerhalb der Säulen des Herkules (die heutige Straße von Gibraltar) einen mächtigen Inselstaat. Die Insel war größer als der heutige Nahe Osten. Er hieß Atlantis.
Armeen aus diesem Atlantis überfielen die Küsten von Afrika und Europa, bis schließlich der Stadtstaat Athen sie besiegte.
Später gab es schreckliche Erdbeben und Überschwemmungen, und während eines einzigen entsetzlichen Tages und einer Nacht versank die Insel im Ozean. Wo sie gelegen war, machte dicker Schlamm das Meer unbefahrbar.
In Critias erzählte Plato eine Menge von der Insel selbst. In ihrer Mitte lag eine fruchtbare Ebene, von Gebirgen umgeben. Auf dieser Ebene stand die Hauptstadt, die in Form eines Kreises angelegt war. Der Durchmesser des Kreises betrug 15 Meilen, und ein Kanal führte durch die Mitte. Er verband das Meer mit der Ebene und lieferte Wasser für sie.
In der Stadt gab es Paläste, Tempel und Rennbahnen. Die Gebäude waren mit Gold, Silber, Bronze, Elfenbein und mit einem geheimnisvollen Metall namens Orichalcum verziert. Das Elfenbein stammte von den Stoßzähnen der Elefanten, die es auf der Insel herdenweise gab.
Plato erzählt auch, wie die Bewohner von Atlantis und den benachbarten Inseln lebten und wie der Staat regiert wurde. Es gab zehn Könige, die einander jedes fünfte oder sechste Jahr trafen und die Staatsgeschäfte besprachen. Zu Beginn ihrer Sitzung wurden gewisse Zeremonien abgehalten, wozu die Opferung eines Stiers gehörte. Die Bewohner von Atlantis waren viele hundert Jahre lang gute Menschen, doch dann wurden sie habgierig und ehrgeizig. Zeus beschloß, sie zu bestrafen. Zeus war im griechischen Götterhimmel der oberste Gott, und er berief

die anderen Götter in seinen Palast zu einer Versammlung. An dieser Stelle hört Critias' Bericht plötzlich auf und endet mit den Worten: „Und als alle versammelt waren, sagte er diese Worte". Plato schreibt hier nicht weiter. Immerhin wissen wir aus Timaeus, was vermutlich mit Atlantis geschehen ist.

Plato war Philosoph, nicht Geschichtsschreiber. In seiner Zeit und noch lange nachher nahm man es als gegeben hin, daß er die Geschichte von Atlantis erzählte, um die Menschen zum Nachdenken zu bringen. Dazu war sie in hohem Maß geeignet: Wie Atlantis gebaut war. Wie es regiert und verwaltet wurde. Wie die Menschen schließlich ihr Glück verscherzten. Wie sie von den Göttern wegen ihrer Übeltaten bestraft wurden.

Einen vollkommenen Staat hat Plato schon früher in einem Werk namens „Die Republik" beschrieben. Das ist ein so wichtiges Werk, daß man es auch heute noch studiert. Hingegen hält man „Critias" und „Timaeus" nicht für so wichtig. Über diese Werke sagt ein Gelehrter: „Hier ruht Plato seinen Verstand aus. Er erfindet ein Märchen über die schönste Insel, die man sich nur vorstellen kann." Doch noch im sechsten Jahrhundert halten römische Gelehrte die Geschichte von Atlantis für wahr.

Im 15. Jahrhundert unserer Zeitrechnung begann mit der Entdeckung von Amerika das Zeitalter der erweiterten Weltkenntnis. Nun wandte man sich wieder der Geschichte von Atlantis zu, und sie fand mehr und mehr Anhänger. Wieder gibt es Kartographen, die Atlantis auf ihren Weltkarten einzeichnen.

Fragen werden gestellt, Anregungen über den verlorenen Kontinent werden gegeben. Manche sehen in der versunkenen Insel die Brücke zwischen der Alten und der Neuen Welt. Waren die Indianer Nordamerikas auf diesem Weg

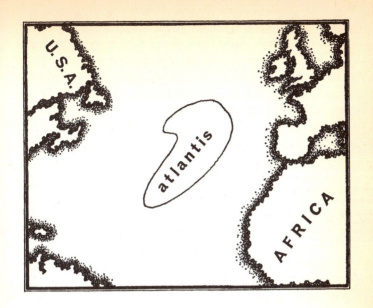

ins Land gekommen? Es gab Theorien, daß die Rothäute Nachkömmlinge jener legendären Waliser Prinzen seien, die nach Westen gesegelt waren. Andere wieder hielten sie für die zehn verlorenen Stämme Israels. In jedem dieser Fälle mochte Atlantis die Landbrücke in die Neue Welt gewesen sein. (Heute nimmt man an, daß die Rothäute Verwandte der asiatischen Mongolen sind und über die Beringstraße nach Alaska gelangten.)

Als man sich mit den schriftlichen Denkmälern der Mayas in Mittelamerika befaßte, komplizierte sich die Geschichte von Atlantis noch mehr. Ein gewisser Abbé Charles Etiènne Brasseur de Bourbourg entdeckte in der Bibliothek von Madrid ein Buch, das im 16. Jahrhundert von einem spanischen Mönch geschrieben worden war, und das – wie man annahm – das Maya-Alphabet enthielt.

Heute hält man diese Annahme für falsch.
Mit Hilfe dieses Alphabets entnahm Brasseur jedenfalls aus Schriftstücken der Mayas den Bericht über die Vernichtung eines Landes durch den Ausbruch eines Vulkans. Brasseur hielt den Namen des Landes für „Mu", und in den Köpfen vieler Leute wurden Mu und Atlantis schnell identisch.
Zu den Leuten, die Brasseurs Arbeit studierten, gehörte Ignatius Donnelly, Mitglied des US-Senats. Er beschäftigte sich mit einer großen Zahl von Büchern aus der Kongreßbibliothek in Washington und brachte schließlich ein bemerkenswertes Buch heraus: „Atlantis, the Antediluvian World". Moderne Gelehrte können beweisen, daß dieses Buch ein Mischmasch von falschen Informationen ist, doch bei seinem Erscheinen war es eine Sensation. Auf dieses Buch geht Gladstones Idee zurück, eine britische Expedition auf die Suche nach dem verlorenen Kontinent auszuschicken.
Auch Donnelly sah Atlantis als Landbrücke zwischen der Alten und der Neuen Welt. Er stellte Listen zusammen von Dingen, die beiden Welten gemeinsam sind, zum Beispiel Heirat und Scheidung, Speere und Segel, Geistergeschichten und solche über große Überschwemmungen. Dem halten die Gelehrten entgegen, daß das meiste in seinen Listen sich nicht nur zu beiden Seiten des Atlantiks, sondern überall auf der Welt findet.
Donnelly versuchte auch nachzuweisen, daß die Mayaschrift den ägyptischen Hieroglyphen gliche – doch in Wirklichkeit gibt es da keine Ähnlichkeit.
Später brachte Donnelly ein weiteres Buch heraus mit dem Titel: „The Great Cryptogram". Darin beweist er, völlig überzeugt davon, daß die Werke von William Shakespeare von Francis Bacon geschrieben wurden. Dieses

Buch wurde noch weniger ernst genommen als das über Atlantis. Jemand erklärte, mit Donnellys Methoden könne man auch beweisen, daß Shakespeare den 47. Psalm in der Bibel geschrieben hätte: Das 47. Wort vom Beginn ist „shake", das 46. vom Ende her gezählt ist „spear".

Ein französischer Doktor, Augustus Le Plongeon (1826–1908), behauptete später, die Leute von Mu hätten sich in Zentralamerika niedergelassen und wären zu den Mayas geworden. Le Plongeon verbrachte eine beträchtliche Zeit mit Ausgrabungen von Maya-Ruinen auf der Halbinsel Yukatan. Er erklärte, er könne die Geschichte von Mu aus den Schriftdenkmälern der Mayas – die er mit Hilfe von Brasseurs falschem Alphabet übersetzte – und einigen Zeichen auf den Mauern von Chichén Itzá zusammensetzen.

Le Plongeon zufolge wurde Moo, Königin von Mu oder Atlantis, von ihren Brüdern Coh und Aac als Gemahlin begehrt. Sie heiratete Coh, der dann von Aac ermordet wurde. Nun versank das Land, und Moo floh nach Ägypten. Dort gründete sie unter dem Namen Isis die ägyptische Kultur. Schließlich wurde sie von Aac aufgespürt und ermordet. Inzwischen waren andere Leute von Mu nach Zentralamerika geflohen und zu den Mayas geworden.

Es ist nicht zu verwundern, daß Le Plongeons Arbeit kaum ernst genommen wurde. Auch von der nächsten größeren Arbeit, die sich mit dem versunkenen Kontinent beschäftigte, hielt die gelehrte Welt nicht viel. Sie stammte von Dr. Paul Schliemann, einem Enkel des berühmten Heinrich Schliemann, und trug den Titel „How I Discovered Atlantis, the Source of All Civilisation" und wurde 1912 in New York in einer Zeitschrift namens „America" veröffentlicht.

Paul Schliemann zufolge hatte sein Großvater ihm zwei Dinge hinterlassen – einen Briefumschlag mit Papieren und eine antike Vase in Gestalt einer Eule. Der Umschlag trug einen Vermerk; er dürfe nur von einem Familienmitglied geöffnet werden, das bereit sei, sein ganzes Leben der Erforschung jener Sache zu widmen, von der die Papiere handelten. Paul Schliemann öffnete den Umschlag.

Auf dem ersten Papier hieß es, er solle den Kopf der Eulenvase zerbrechen. Paul tat es und fand darin einige viereckige Münzen, die aus einer Legierung von Platin, Aluminium und Silber bestanden, und eine Metallplatte. Darauf stand in phönizischer Schrift: „Ausgegeben im Tempel der durchsichtigen Mauern." Vermutlich bestand zwischen diesen Münzen und Atlantis ein Zusammenhang.

Weiter teilte Paul Schliemann mit, daß sich unter den Papieren auch eines mit dem Bericht über das Auffinden einer großen Bronzevase befunden habe, die die Inschrift trug: „Von König Cronos von Atlantis".

Schliemanns Artikel über Atlantis unterstützte viele Argumente Ignatius Donnellys, daß Atlantis eine Brücke zwischen der Alten und der Neuen Welt gewesen sei. Er besagte auch, daß er die Bestätigung erhalten habe, Atlantis sei an einer merkwürdigen Stelle versunken – es gab nämlich ein viertausend Jahre altes Manuskript, aus Mesopotamien stammend, und von Schliemann in einem buddhistischen Tempel in Tibet gefunden!

Heute betrachtet man Schliemanns Artikel als Betrug, doch zu der Zeit, als er erschien, wurde er vielfach für bare Münze genommen, und Anhänger der mythischen Theorie betrachteten ihn als Beweis für ihre Anschauung.

1926 veröffentlichte „Oberst" James Churchward, der die ganze Welt bereist hatte, ein Buch mit dem Titel: „Der verlorene Kontinent von Mu". Darin behauptet er, etwas,

das er die „Naacal-Tafeln" nennt, in einem Hindutempel in Indien (oder, einem späteren Buch zufolge, in Tibet) aufgespürt zu haben. Ein Priester war so nett, ihm die Tafeln zu übersetzen. Sie bestätigten weitgehend die Anschauungen von Le Plongeon und Paul Schliemann, wichen jedoch in einem wichtigen Punkt von früheren Beiträgen zur Atlantisforschung ab. Churchward zufolge gab es nämlich nicht einen, sondern gleich zwei verlorene Kontinente, Atlantis im Atlantischen Ozean und Mu im Pazifik.

Soll man Atlantis also völlig abschreiben und als Märchen Platos mit späteren Hinzufügungen erklären? Es wäre einfach, die Frage mit Ja zu beantworten. Ganz gewiß konnte 10 000 Jahre vor Plato ein solches Land, wie er behauptet, nicht existiert haben. In jener Zeit lebte die

Bevölkerung von Europa und Nordafrika noch in der Steinzeit. Sie bestand aus nomadisierenden Jägern und Fischern, und ihre Werkzeuge waren aus Stein. Eine Stadt zu bauen und einen Kanal auszuheben, wie beschrieben, wäre ihnen unmöglich gewesen.

Auch ist es unwahrscheinlich, daß eine so große Landmasse im Meer versunken sein kann. Kleine Landteile, kleine Inseln können von einem Erdbeben oder Vulkanausbruch zerstört werden, doch die Geologen sagen übereinstimmend aus, daß die Zerstörung eines ganzen Kontinents sehr langsam vor sich gehe und Tausende, vielleicht sogar Millionen Jahre dauere. Auch hat man nirgends den Beweis dafür gefunden, daß im Atlantischen Ozean ein solcher Kontinent versunken liege.

Ist an Platos Geschichte also kein Körnchen Wahrheit? Hat er alles glatt erfunden?

In den letzten Jahren sind die Gelehrten anders an diese Frage herangegangen und haben überlegt, ob sein Bericht auf Tatsachen zurückgeht. Einige Gelehrte bejahen diese Frage.

L. Sprague de Camp und Catherine C. de Camp führen in ihrem Buch „Citadels of Mystery" (1964) eine Reihe von Quellen für Platos Ideen an: Das im Meer versunkene Land stammt, so sagen sie, von einem kleinen griechischen Eiland namens Atalante, das 426 v. Chr. nach einem Erdbeben im Meer versank. Es steuerte auch den Namen bei.

Die Beschreibung des Inselstaates, so meinen sie, gehe auf Berichte über einen reichen Stadtstaat namens Tartessos zurück. Er lag im südwestlichen heutigen Spanien, an der Mündung des Guadalquivir, zwanzig Meilen nordwestlich vom heutigen Cadiz.

Tartessos war zweitausend Jahre vor Zeitenwende ein Zentrum des Handels und des Silberbergbaus. In der

Stadt war Silber so reichlich vorhanden, daß die Schweine aus silbernen Trögen fraßen. Ab 631 v. Chr. handelten die Griechen mit Tartessos, das sie als die reichste Stadt des Westens betrachteten.

Um das Jahr 500 v. Chr. verschwand Tartessos plötzlich. Es ist nicht bekannt, wie das geschah. Vielleicht wurde es von Feinden, etwa den mächtigen Karthagern, zerstört. Vielleicht versandete sein Hafen, so daß Handelsschiffe nicht mehr einfahren konnten. Vielleicht auch wurde es durch ein Erdbeben vernichtet.

In vieler Hinsicht glich Tartessos Atlantis. Es lag, von Griechenland aus gesehen, im Westen, es war reich und ein Handelszentrum, hinter der Stadt breitete sich eine weite Ebene aus, und es verschwand auf geheimnisvolle Weise.

In der letzten Zeit bringt man die Insel Santorin (Thera) mit Platos Ideen in Verbindung und stellt eine Beziehung zu Kreta her. In der späten Bronzezeit, ungefähr 1470 v. Chr., wurde eine Stadt, die die Minoer auf Santorin erbaut hatten, durch einen Vulkanausbruch vernichtet.

Mittelpunkt der minoischen Kultur war die Insel Kreta. Dort hatten die Minoer seit 1600 v. Chr. Häuser erbaut, die mehrere Stockwerke hoch waren, sie besaßen gepflasterte Straßen und Steinbrücken – zu einer Zeit, als die Bewohner Europas auf einem sehr primitiven Niveau lebten.

In Knossos, Phaestos und anderen Städten auf Kreta bauten die Minoer herrliche Paläste voll von Kunstwerken. Doch die Minoische Kultur auf Kreta endete ebenso plötzlich und ungefähr zur gleichen Zeit wie die auf Santorin. Wurde das nur 80 Meilen entfernte Kreta ebenfalls von einem Vulkanausbruch verheert?

Der Palast von Knossos wurde zuerst im Jahr 1900 von Arthur Evans ausgegraben, und von Anfang an hat man

Kreta mit Atlantis in Verbindung gebracht. Hier hatte man eine Insel mit einer Hochkultur lange vor Platos Zeit. Er muß zweifellos davon gehört haben.

Heute suchen diejenigen, die nach Atlantis forschen, nicht mehr nach einem verlorenen Kontinent. Sie suchen nach Stücken in einem Puzzle – nach jenen Stücken, die Plato zusammenfügte, um daraus sein Atlantis zu bauen. Es mag wohl sein, daß alte Berichte von der Zerstörung der minoischen Städte ihm die Anregung für die Zerstörung von Atlantis gaben. Doch das ist nur eines der Puzzlestückchen. Eine ganze Reihe müssen erst noch gefunden werden.

8. Der verschollene Entdecker

Tief im Tropendschungel des Amazonasbeckens haben sich drei Männer ein Lager gebaut. Ihr Anführer ist ein schon älterer Mann mit einer Glatze unter dem Tropenhelm. Die anderen beiden stehen noch im Jünglingsalter. Man sieht allen dreien an, daß die Reise schon längere Zeit währt. Die Tropenkleidung ist abgetragen, und die Gesichter sind übersät von Insektenstichen.
Diese drei Männer waren Oberstleutnant P. H. Fawcett, sein Sohn Jack und Raleigh Rimmell. Sie waren auf dem Weg in ein noch unerforschtes Dschungelgebiet, auf der Suche nach einer Stadt, die reich an Schätzen sein sollte. Fawcett nannte die Stadt Z. Vor dem Aufbruch hatte er behauptet, er wisse, wo Z läge.
Die drei Männer hatten zwei Indianer als Führer, die beide sichtlich nervös waren und Angst hatten, tiefer in den Dschungel einzudringen. Sie wußten, daß in dem Gebiet, das vor ihnen lag, wilde Stämme lebten. Fawcett schickte sie von diesem Lager aus zurück und gab ihnen die zwei Pferde mit, die in dem verfilzten Dschungel nicht weitergekommen wären. Er gab ihnen auch einen Brief an seine Frau mit, in dem es hieß:
„Wir gehen mit acht Tieren weiter – drei Reitmaultiere, vier Tragtiere und ein Leittier, das die anderen beisammen hält. Jack ist gesund und munter, obwohl er sehr unter den Insektenstichen leidet. Über Raleigh mache ich mir Sorgen. Er trägt immer noch um ein Bein den Ver-

band, weigert sich aber umzukehren. Ich kann nicht hoffen, die Strapazen besser als Jack oder Raleigh zu ertragen, aber ich habe mich bisher behauptet. Doch man spürt trotz allem Enthusiasmus die Jahre. Meiner Berechnung nach müßten wir die Indianer in acht bis zehn Tagen treffen. Einen Mißerfolg brauchst Du nicht zu befürchten."
Das war Oberstleutnant Fawcetts letzte Nachricht. Auch von seinen beiden Gefährten war nichts mehr zu hören, und kein Mensch, außer vielleicht die wilden Indianer im Dschungel, sah die drei je wieder.
Fawcett war durchaus der geeignete Mann, die kleine Expedition in den noch unerforschten Dschungel zu führen. Er hatte viele Jahre im Amazonasbecken verbracht und oft Gegenden durchstreift, wohin noch kein weißer Mann den Fuß gesetzt hatte.

Das erste Mal ging er 1906 als Landvermesser nach Südamerika, ausgeschickt von der Royal Geographical Society. Er hatte eine schwierige Aufgabe durchzuführen, nämlich den Grenzverlauf zwischen Peru, Brasilien und Bolivien zu vermessen und karthographisch festzuhalten. Diese Grenzen gehen durch wilde Gegenden, die auf der Erde kaum ihresgleichen haben.

Damals war Fawcett 39 Jahre alt, ein kräftiger Mann, fast zwei Meter groß. Er war zwanzig Jahre lang britischer Offizier gewesen und hatte in Ceylon, Malta und Hongkong gedient. In seiner Jugend war er ein Allround-Sportler gewesen, und seine Kondition war noch gut. Er rauchte nicht und trank nie Alkohol.

Für die Grenzvermessung brauchte er ein Jahr. Es war eine schwere und eine schwierige Arbeit. Zunächst landete er in Peru und ging nach Rio Blanco in den Anden, auch schon eine abenteuerliche Reise, denn er legte sie auf der zweithöchsten Eisenbahn der Welt zurück, die vom Meeresniveau eine Höhe von fast 5000 m erklimmt.

Um nach Bolivien zu kommen, überquerte er den Titicacasee per Schiff. Dieser See ist das höchste schiffbare Wasser der Welt, er liegt auf 4000 m Höhe, und er bedeckt eine große Fläche.

Er machte La Paz, die Hauptstadt Boliviens, zu seinem Standquartier. Als er mit einem weißen Gefährten und zwei indianischen Maultiertreibern aufbrach, lag der Schnee hoch.

Sie stiegen stetig von den hohen Bergen hinunter. Bald erreichten sie die Regenwälder des Amazonasbeckens. In der feuchten Hitze setzten Moskitos, Sandfliegen und andere Insekten ihnen schlimm zu. Mit dem Kanu befuhren sie noch nicht vermessene Flüsse, immer mit lauschenden Ohren, ob sich die gefährlichen Stromschnellen

ankündigten. Einmal wurde Fawcetts Kanu von einer riesigen Anakonda beinahe umgeworfen. Fawcett schoß die Schlange. Sie war ungefähr achtzig Fuß lang.
Bei Tag war es glutheiß. Zeitweise stieg die Temperatur auf über 100 Grad Fahrenheit im Schatten. Die Nächte aber waren bitterkalt.
Die Reise führte sie durch Dschungelgegenden, wo eine große Anzahl aller möglichen wilden Tiere lebte – Tapire, Ameisenbären, das dreizehige Faultier, Wildschweine, Ozelots, Pumas, Jaguare, Gruppen von schnatternden Affen und viele Arten buntfarbiger Vögel. Sie passierten Wasserläufe, wo es von Kaimanen, Anakondas, Stachelrochen, Zitteraalen und den blutgierigen Piranhas, fleischfressenden Fischen, wimmelte. Sobald die Piranhas Blut riechen, greifen sie Mensch oder Tier im Wasser an, und es heißt, daß sie ein Opfer innerhalb von wenigen Sekunden bis aufs Skelett auffressen.
Überall gab es Insekten. Es waren Fliegen in allen Größen und Gestalten, und viele verursachten giftige Stiche. Es gab ganze Armeen von tropischen Ameisen, viele Zehntausende von ihnen, die systematisch alles verzehren, was ihnen in den Weg kommt.
Fawcett entging mehrmals mit knapper Mühe dem Tod. Einmal ertrank er beinahe, als sein Kanu kenterte. Ein anderes Mal überschütteten feindliche Indianer ihn mit Giftpfeilen.
In dieser Gegend gab es viele wilde Indianerstämme, darunter auch Kopfjäger. Sie verwendeten in Gift getauchte Pfeile, die sie mit dem Bogen oder mit dem Blasrohr verschossen.
Als Fawcett die Grenze vermessen hatte, kehrte er nach England zurück, doch schon 1908 war er wieder in Brasilien. Bevor er seine Heimat verließ, sagte er: „Ich liebe

diese grüne Hölle, ihr mörderischer Griff hält mich fest, ich muß sie wiedersehen."

Er drang wieder in den Dschungel ein, führte eine kleine Expedition in den Matto Grosso, für Brasilien einer der letzten weißen Flecken auf der Landkarte. Fawcetts Aufgabe war es, den Weg zum Rio Verde zu finden. Dieser sollte die Grenze zwischen Brasilien und Bolivien sein.

Wieder trotzte er allen Gefahren des Lebens im unerforschten Dschungel. Er kehrte mit ausgezeichneten Landkarten zurück, und die brasilianischen Behörden waren hoch zufrieden. Sie boten ihm weitere Vermessungsarbeiten an, und er übernahm sie.

Sechs weitere Jahre vergingen mit der Herstellung von Landkarten des Amazonasbeckens. Dann kam das Jahr 1914, und der erste Weltkrieg brach aus. Fawcett kehrte zu seinem Regiment zurück. Sobald er nach 1918, dem Kriegsende, konnte, fuhr er nach Rio de Janeiro, mit der Hoffnung, wieder den Dschungel bereisen zu können. Dort im Gebiet des Amazonas hoffte er eines Tages eine große Entdeckung zu machen.

Er glaubte nämlich, irgendwo in den Urwäldern müßten sich Spuren einer alten Kultur befinden. Indianer, die er unterwegs getroffen hatte, hatten ihm viele Geschichten von im Dschungel versteckten und von ihm halb überwachsenen Ruinen erzählt. Er pflegte zu sagen: „Es ist gewiß, daß erstaunliche Ruinen uralter Städte, vielleicht wesentlich älter als alles, was man in Ägypten fand, sich tief im Innern von Brasilien befinden müssen. Wer sie entdeckt, wird unsere Geschichtskenntnis unendlich bereichern. Vielleicht leben sogar Abkömmlinge unbekannter Rassen, wie die Inkas, noch immer dort."

Damals klang das keineswegs unwahrscheinlich. Das Amazonasbecken umfaßt ein Gebiet von mehr als zwei Millionen Quadratmeilen; damit ist es so groß wie Europa. 1918 war nur ein kleiner Teil davon erforscht.

Heute überfliegen Flugzeuge den Dschungel, und große Dampfer fahren den Amazonas 3000 Meilen hinauf bis ins Herz Brasiliens. Doch abseits des Stroms ist der Dschungel immer noch schwer zu durchdringen, und auch heute sind hunderttausende Quadratmeilen den Weißen kaum bekannt. In den Tagen Fawcetts gab es riesige Gebiete, die noch kein Weißer betreten hatte, und andere, die noch kein Weißer lebendig verlassen hatte.

Im Jahr 1920 stieß Fawcett auf ein Schriftstück, das ihn erregte. Es bestätigte seinen Glauben an eine versunkene Kultur. Das Schriftstück war eine verblichene Handschrift in der brasilianischen Nationalbibliothek in Rio de Janeiro, mit der Nummer 512. Es trug den Titel: „Historic Account of a large hidden City of great age, without inhabitants, which was discovered in the year 1753." Zu deutsch: Geschichtlicher Bericht einer großen, versteckten Stadt von großem Alter, ohne Bewohner, die im Jahr 1753 entdeckt wurde.

Das Manuskript Nr. 512 enthält die Geschichte einer Expedition in den Amazonasdschungel, bestehend aus portugiesischen Abenteurern, angeführt von Francisco Raposo. Sie suchten Gold- und Silberminen, deren Lage man seit 200 Jahren nicht mehr kannte. Ein einziger Mann hatte die Lage dieser Minen gewußt, er wurde von portugiesischen Beamten gefoltert, um sein Geheimnis preiszugeben, starb jedoch lieber, als daß er gesprochen hätte.

Nach vielen Jahren des Suchens fanden die Schatzgräber des 18. Jahrhunderts die verschollenen Bergwerke auf einem Plateau inmitten wilder Berge. Dicht daneben fanden sie auch eine verlassene Stadt, deren Straßen mit wertvollen Dingen besät waren.

Raposo und seine Gefährten bahnten sich erschöpft, aber hochgestimmt den Weg zum Rand des Dschungels und planten, zur Küste zu gelangen und mit genügend Proviant und entsprechenden Geräten zurückzukehren. Vom Ufer des Paraguassu-Flusses schickten sie einen indianischen Boten voraus. Er trug eine Nachricht an den portugiesischen Gouverneur der Küstenstadt Bahia (Salvador), nämlich einen Bericht der Expedition, und dies ist heute das Manuskript Nr. 512.

Dieser Bericht war das letzte, was man von Francisco Raposo und seinen Gefährten hörte. Als der indianische Bote sie verlassen hatte, verschwanden sie irgendwie im Dschungel, und man fand keine Spur mehr von ihnen.

Fawcett nannte also die Stadt, die im Bericht erwähnt

wird, „Z" und behauptete, er glaube an ihre Existenz. „Mehr noch", so sagte er, „ich werde sie finden."

Später im selben Jahr brach Fawcett wieder in den Dschungel auf. Er hatte einen Gefährten mit, einen jungen Mann namens Felipe. Sie gingen von Bahia (Salvador) aus und schlugen die westliche Richtung ein. Zuerst durchquerten sie eine Region von Plantagen und Ranches, die man an gerodeten Stellen des Dschungels angelegt hatte, doch dann drangen sie in die dichten, weglosen, düsteren Urwälder ein.

Fawcett hoffte, von Indianern Nachricht über die Stadt zu erlangen, doch er sah keinen einzigen. Dennoch müssen die Forscher die ganze Zeit über beobachtet worden sein, denn überall dort, wo sie sich den Weg gebahnt hatten, gab es Anzeichen, daß kürzlich Menschen hier gewesen waren.

Dann begann es zu regnen, stetig und stark. Naß bis auf die Haut quälten sie sich weiter.

Felipe beklagte sich ständig, und jeden Tag hatte er ein neues Leiden aufzuweisen. Er war nicht wie Fawcett an das Leben im Dschungel gewöhnt.

Es war allerdings ein Leben, um den zähesten Mann aufzureiben. Fliegen und Zecken quälten sie. Am Abend entfernten sie 60 bis 80 Zecken aus ihrem Körper. Jede einzelne verursachte eine kleine, aber unangenehme Wunde, doch so sehr sie auch juckte, man durfte nicht kratzen, dann hätte sie sich entzündet und geeitert.

Oberstleutnant Fawcett sah eine Spinne so groß wie ein Sperling in ihrem Netz sitzen. Doch am meisten verabscheute er die blutsaugenden Vampire und Moskitos. Er erzählte: „Am Morgen wachten wir auf und stellten fest, daß unsere Hängematte blutgetränkt war. Überall, wo unser Körper das Moskitonetz berührte oder daraus hervorragte, wurden wir von den Moskitos überfallen."

Seine Reise mit Felipe stand unter keinem guten Stern. Später unternahm er allein zwei weitere Reisen, dann erklärte er: „Ich habe sehr viel gelernt. Jetzt bin ich sicher, Z zu finden, doch bevor ich wieder aufbreche, muß ich die richtigen Gefährten suchen und alles zweckentsprechend organisieren."
Es ergab sich, daß bis zu Beginn dieser so wohlvorbereiteten Expedition fünf Jahre verstrichen. Er nahm zwei Gefährten mit, seinen ältesten Sohn, Jack, 22, und einen Schulkameraden Jacks, Raleigh Rimmell. Die Organisation der Expedition war eine Geldfrage. Fawcett bekam die nötige finanzielle Unterstützung von mehreren wissenschaftlichen Gesellschaften und einem Pressedienst.
In den Vereinigten Staaten und Großbritannien machte die Geschichte der versunkenen Stadt Z großes Aufsehen, und die Zeitungen boten gute Honorare für einen Bericht über das Abenteuer.
Fawcett und seine beiden Gefährten verließen Cuyaba im April 1925, und sie führten zwei indianische Führer, zwei Pferde und acht Maultiere mit sich. Sie beabsichtigten, in ein Gebiet noch unerforschten Dschungels zwischen zwei Flüssen, die von Süden her in den Amazonas münden, dem Xingu und dem Araguaya, einzudringen.
Am 29. Mai befand sich die Gruppe mehr als 350 Meilen nördlich von Cuyaba. Dies war die Stelle, von wo aus Fawcett die Indianer mit den zwei Pferden und seinem letzten Brief zurückschickte.
Und an dieser Stelle beginnt auch das Rätsel: Was wurde aus Oberst P. H. Fawcett?
Fawcett sagte selbst, bevor er aufbrach, daß er, im Fall er Z fände, vielleicht für einige Zeit dort bliebe. Seine Expedition war mit Proviant und Gerätschaften aller Art gut ausgerüstet, und es dauerte zwei Jahre, bevor man sich in

der Öffentlichkeit Sorgen zu machen begann. Dann aber fragten die englischsprachigen Zeitungen in groß gedruckten Überschriften:

WO IST OBERST FAWCETT?

Im Jahr 1927 durchquerte ein französischer Forscher namens Roger Courteville Südamerika vom Atlantik bis zum Pazifik. In Peru wurde er gefragt, ob er etwas über Oberst Fawcett gehört habe. Er berichtete, er habe einen Mann gesehen, der möglicherweise Fawcett war, doch seine Aussage war sehr unbestimmt. Es wurde auch nicht klar, warum er den betreffenden Mann nicht nach seinem Namen gefragt hatte.

Eine Zeitung in den USA schickte 1928 eine Expedition aus, die Fawcett suchen sollte. Sie folgte der Route, die der Oberst eingeschlagen hatte. Ein Eingeborenenhäuptling erzählte ihnen von einem alten weißen Mann und zwei Gefährten, die durch den Dschungel gezogen waren, und er deutete an, die drei seien von Wilden umgebracht worden.

Es gab keine schlüssigen Beweise für diese Aussage, dennoch stellte der Leiter der Expedition, Kapitän George Dyott, fest: „Es ist mit dem größten Bedauern, daß ich von Oberst Fawcetts Schicksal sprechen muß. Er wurde mit seinem Sohn Jack und Raleigh Rimmel fünf Tage nach dem Überqueren des Kuluene-Flusses nach Osten irgendwann im Monat Juli 1925 von feindseligen Indianern getötet. Daran gibt es nicht den geringsten Zweifel."

Und doch gab es Zweifel. Dyott sollte Beweise vorlegen und konnte es nicht. Vielfach glaubte man, Fawcett sei noch am Leben.

1930 brach ein Zeitungsreporter auf, um Fawcetts Spuren zu folgen. Er verschwand spurlos.

Ein Schweizer Fallensteller namens Stephan Rattin erzählte zwei Jahre später, nach seiner Rückkehr aus dem Dschungel, eine seltsame Geschichte: Fawcett sei der Gefangene eines wilden Stammes, der am Bomfin-Fluß lebte. Er habe einen alten Mann mit langem Haar und langem, gelblichweißem Bart gesehen. Dieser Mann habe gesagt: „Ich bin ein englischer Oberst. Gehen Sie zum englischen Konsulat und verlangen Sie, man möge Major Paget, der eine Kaffeeplantage in São Paulo hat, sagen, daß ich hier gefangengehalten werde."
Der Mann zeigte Rattin ein goldenes Medaillon, das er um den Hals hängen hatte. Es enthielt das Foto einer Dame mit großem Hut und mit zwei Kindern. Rattin beschrieb den alten Mann als ungefähr 65 Jahre alt und mittelgroß. Seine Augen seien von einem leuchtenden Blau.
Rattins Geschichte wurde unter die Lupe genommen. Es stimmte, daß Sir Ralph Paget ein enger Freund von Fawcett war. Doch Fawcetts Bart müßte zu dieser Zeit grau sein, und er hatte seit vielen Jahren eine Glatze. Außerdem war er viel größer als angegeben, und seine Augen waren grau, nicht blau. Wer immer dieser Mann gewesen sein mag, Oberst Fawcett konnte er nicht sein.
Im Lauf der Zeit verbesserte sich der Kontakt mit den wilden Stämmen des Dschungels ein wenig. Von Zeit zu Zeit tauchten Gerüchte auf, in der „grünen Hölle" lebe ein alter weißer Mann. Immer wieder wurde behauptet, daß Fawcett irgendwie überlebt habe und bei primitiven Indianern lebe. Mehrfach brachen Expeditionen auf der Suche nach ihm auf. Doch nie wurde ein handfester Beweis gefunden.
Im Jahr 1933 erhielt die Royal Geographical Society in London einen Kompaß zugeschickt, der im Matto Grosso

in der Nähe eines Indianerlagers gefunden worden war. Man erkannte ihn als einen, mit dem man seinerzeit Oberst Fawcett ausgestattet hatte. Doch er hatte ihn möglicherweise während seiner Expedition mit Felipe im Jahr 1920 an der Stelle verloren.

Im selben Jahr vernahm eine Expedition, die den Kuluene-Fluß erforschte, eine seltsame Geschichte. Ein Reisender in diesem Gebiet hatte eine Indianerin getroffen, die ein paar Worte Portugiesisch sprach. Sie erzählte ihm, weiße Männer lebten seit Jahren bei einem benachbarten, wilden Stamm. Sie waren ihrer drei, und sie seien ungefähr vor zehn Jahren angekommen. Ein Mann sei alt, ein anderer sein Sohn und der dritte „ein Weißer, noch älter". Die Männer würden gut behandelt, doch sie durften sich nicht entfernen. – Man fand niemals eine Spur dieser drei Weißen. Konnten sie Fawcett und seine beiden jungen Gefährten gewesen sein? Doch wieso schien Raleigh Rimmell so viel älter als Oberst Fawcett?

Die Zeitungen beschäftigten sich bis zum Ausbruch des 2. Weltkriegs 1939 immer wieder mit dem geheimnisvollen Verschwinden der drei Engländer. Als der Krieg 1945 zu Ende war, erregte das Schicksal der Expedition immer noch Interesse.

1950 besuchte Fawcetts jüngerer Sohn, Brian, Brasilien. Um das Verschwinden seines Vaters und des Bruders mit seinem Freund aufzuklären, folgte er genau der Route der drei in den Dschungel. Aus einem Flugzeug untersuchte er das in Frage kommende Gebiet. Doch als er heimkehrte, war das Geheimnis so dunkel wie eh und je. Brian sagte allerdings: „Ich glaube, es besteht die Chance, daß mein Bruder Jack immer noch irgendwo im Dschungel lebt."

Im selben Jahr saß Señor Orlando Vilas Boas, einer der hervorragenden Experten für das Amazonasbecken, am

Sterbebett eines Indianerhäuptlings. Dieser Mann legte dem Weißen seine Beichte ab: Er habe bei einem Streit Fawcett und die beiden jungen Männer zu Tode geknüppelt.
Das wurde vielfach nicht geglaubt. Der Häuptling hatte ausgesagt, Fawcett habe ihn zuerst ins Gesicht geschlagen. Wer Fawcett kannte, fand das höchst unwahrscheinlich. Es war nicht seine Art.
Man bat den neuen Häuptling, die Stelle zu zeigen, wo die Leichen eingegraben worden seien. Er erwiderte, die Leichen der beiden jungen Männer seien in den Fluß geworfen und vom Wasser fortgetragen worden. Doch die Stelle von Fawcetts Grab kenne er.
Das Grab wurde geöffnet und die Gebeine entnommen und nach London geflogen, wo Experten der Royal Anthropological Society sie untersuchten. Ihrer Meinung konnten sie nicht von Oberst Fawcett stammen, sondern von jemandem, der viel kleiner war. Vermutlich waren es überhaupt nicht die Knochen eines Weißen.
Das Britische Fernsehen griff 1962, siebenunddreißig Jahre nach Oberst Fawcetts Verschwinden, das Rätsel wieder auf. Die Zuschauer konnten, gemütlich vor dem Bildschirm sitzend, mit dem Auge der Kamera die Route verfolgen, die Fawcett vermutlich genommen hatte.
Doch eine Lösung des Rätsels erhielten die Zuschauer nicht. Die Geschichte dieses Schicksals ist bis heute ein Geheimnis geblieben.

9. Der Mann mit der eisernen Maske

Die Bastille war ein düsteres, befestigtes Gefängnis in der Mitte von Paris, das Staatsverbrecher und Feinde des Königs von Frankreich beherbergte. An einem Nachmittag des Septembers 1698 langte in Begleitung des neuen Kommandanten, Monsieur de Saint-Mars, ein neuer Gefangener an.

Dieser Gefangene war hochgewachsen und mit Sorgfalt gekleidet, doch welche Züge er trug, weiß bis heute niemand. Sein Gesicht war von einer eisernen Maske bedeckt.

Wer war der Mann mit der eisernen Maske? Dies Geheimnis gehört zu den bestgehüteten der Geschichte. Seit mehr als zweihundert Jahren rätselt man daran herum. Der Mann wurde zum Helden vieler Bücher, Dramen und Filme, die alle ihre eigene Lösung beisteuerten, doch niemand weiß, ob sich darunter die Wahrheit findet.

1669 war Monsieur de Saint-Mars Kommandant eines Gefängnisses in Pignerol, das mehrere wichtige Gefangene verwahrte. 1681 wurde er Gouverneur eines dreißig Meilen entfernten Gefängnisses, wohin er zwei seiner Gefangenen nahm.

Sechs Jahre später wurde ihm die Leitung des befestigten Gefängnisses auf der Insel St. Marguerite in der Bucht von Cannes übertragen. Er nahm einen oder möglicherweise zwei Gefangene dorthin mit, und das Gesicht des einen war von einer Maske bedeckt.

Niemand weiß, wie diese Maske genau ausgesehen hat.

Jedenfalls verbarg sie genug vom Gesicht des Gefangenen, so daß niemand ihn erkannte. Vermutlich war sie fest um den Kopf geschlossen.

Ein Gefangenenwärter in der Bastille schrieb ein Tagebuch, und darin nennt er später eine Maske aus Samt. Vielleicht war die sogenannte „eiserne" Maske ein eiserner Rahmen, der mit Samt ausgespannt war. Der Samt hielt nicht lange, konnte jedoch jederzeit ersetzt werden. Der eiserne Rahmen war nötig, damit die Maske nicht entfernt werden konnte. Es war offensichtlich wichtig, daß der Gefangene die Maske nicht selbst abnehmen konnte. Saint-Mars und der Mann mit der eisernen Maske blieben elf Jahre auf St. Marguerite. Während dieser Zeit ereignete sich mehreren Berichten zufolge ein merkwürdiges Ereignis. Ein einheimischer Fischer, der an den Gefängnis-

mauern fischte, fand unter den Fischen und Algen in seinem Netz etwas Glänzendes. Es war ein silbernes Plättchen mit einigen Zeichen darauf.
Der Fischer erkannte die Zeichen als Schrift, und er sah auf der kleinen Platte auch eine Wappenkrone, und zwar die Lilie der Könige von Frankreich. Er eilte sofort mit dem Plättchen ins Gefängnis.
Der Torhüter besah sich die Platte und sagte dem Fischer, er solle warten. Nach einiger Zeit wurde er zu Monsieur Saint-Mars gebracht. Dort wartete er aufgeregt, während der Gouverneur des Inselgefängnisses die Zeichen auf der Platte genau untersuchte.
Endlich sprach der Gouverneur. „Hast du die Botschaft auf diesem Stück Silber gelesen?"
Der Fischer schüttelte den Kopf. „Nein Herr", erwiderte er. „Ich muß leider sagen, daß ich nicht lesen kann."
Saint-Mars durchbohrte ihn mit dem Blick. „Hast du dies hier jemand anderem gezeigt?"
Wieder schüttelte der Fischer den Kopf. „Nein, niemandem. Ich brachte meinen Fang an Land, dann kam ich spornstreichs hierher. Ich habe das Zeichen des Königs auf der Platte erkannt, und ich erriet, daß sie aus dem Fort stammen muß."
„Du hast richtig gehandelt", sagte Saint-Mars und gab dem Mann ein Goldstück. „Das ist deine Belohnung. Doch du mußt vergessen, daß du jemals diese Platte sahst. Erinnere dich nur daran, daß du Glück hattest."
„Glück habe ich wirklich", sagte der Mann und sah lächelnd auf die Goldmünze in seiner Hand hinunter.
Saint-Mars schüttelte den Kopf. „Das meinte ich nicht. Du hattest Glück, daß du nicht lesen kannst."
Es scheint aus all dem eindeutig hervorzugehen, daß die Botschaft auf dem Silberplättchen vom Mann mit der

eisernen Maske geschrieben wurde. Vielleicht enthielt sie seinen Namen. Wenn der Fischer hätte lesen können, wäre ihm das Geheimnis des Gefangenen bekannt geworden. Deshalb hatte er Glück. Sonst hätte er zu viel gewußt und hätte hinter Schloß und Riegel müssen.

In der Bastille kerkerte man den Mann mit der eisernen Maske in einem Turmzimmer ein. Der Gefängniswärter, Etienne de Jonca, erzählt in seinem Tagebuch, wie er die Zelle für den Gefangenen vorbereitete. Es scheint klar zu sein, daß der Gefangene gut behandelt wurde, man kümmerte sich um sein Wohlergehen, und ein Diener stand zu seiner persönlichen Verfügung. Saint-Mars behielt ihn immer wohlwollend im Auge.

Er durfte in der Bastille der heiligen Messe beiwohnen. Als er am Sonntag, 18. November 1703, in seine Zelle

zurückkehrte, wurde er krank und starb am nächsten Abend plötzlich, während ein Priester ihm zur Seite stand.
Er wurde sehr schnell, nämlich schon am nächsten Tag, im Kirchhof der benachbarten Pfarrkirche St. Paul begraben. Es gab keine Trauergäste.
Ins Kirchenregister mußte ein Name eingetragen werden, und das geschah denn auch. Der Name lautete: Marchioly.
Das Alter des Toten wurde mit 45 Jahren angegeben. Das ist eindeutig falsch. Wenn er einer der Gefangenen von Pignerol war, muß er sehr viel älter gewesen sein.
In der Bastille wurde inzwischen die Zelle des Toten von seinen Besitztümern geräumt, Möbelstücke verbrannt und Metallgegenstände eingeschmolzen. Die Wände wurden abgekratzt, der Fußboden herausgerissen und verbrannt, die Decke heruntergenommen und zermalmt. Vom Mann mit der eisernen Maske blieb kein Zeichen, keine möglicherweise vorhandene Schrift an der Wand, keine Schnitzerei in hölzernen Gegenständen als Hinweis, wer er gewesen war.
Man nimmt an, daß Saint-Mars die Identität des Gefangenen kannte, und es hieß auch, der Mann habe in seinen ersten Gefängnisjahren keine Maske getragen. Doch ist das wahrscheinlich? Falls ein langjähriger Gefangener auf einmal in eine Maske gesteckt wurde, um anonym zu werden, dann würde doch jeder Gefängniswärter sein Geheimnis kennen. Ist es nicht wahrscheinlicher, daß er vom ersten Tag an die Maske trug?
Es ist klar, daß König Ludwig XIV. von dem Gefangenen wußte und sein Geheimnis sicher bewahrt haben wollte. Als Saint-Mars in die Bastille übersiedelte, erhielt er eine Botschaft, in der es hieß: „Der König ist einverstanden, daß Sie St. Marguerite verlassen und mit Ihrem langjähri-

gen Gefangenen in die Bastille kommen, wobei Sie alle Vorsichtsmaßnahmen treffen, damit er von niemandem gesehen oder erkannt werden kann."
Es heißt, daß Saint-Mars auf dem Weg nach Paris bei seinem eigenen Heim, einem Schloß in der Nähe von Villeneuve, anhielt. An diesem Abend nahm er zusammen mit dem maskierten Gefangenen das Diner ein, wobei Saint-Mars neben seinem Gedeck zwei Pistolen liegen hatte. In späteren Jahren erinnerten sich die Bediensteten noch an den Mann mit der eisernen Maske. „Er war groß", sagten sie, „und sein Haar war ganz weiß."
Was immer Saint-Mars auch über seinen Gefangenen gewußt haben mochte, er nahm es mit ins Grab und hinterließ der Welt nur ein Geheimnis.
Die Bastille wurde am 14. Juli 1789 vom Mob gestürmt, und die Französische Revolution begann. Das verhaßte Gefängnis wurde eingenommen und niedergerissen. Damals wurden angeblich offizielle Dokumente gerettet und später auf Hinweise auf den Mann mit der eisernen Maske durchgesehen. Anscheinend versuchte sogar Napoleon seine Identität herauszufinden. Doch aus den Dokumenten ging nichts hervor. Das Geheimnis blieb ungelöst.
Alexandre Dumas, der berühmte französische Romanschriftsteller (1802–1870), bot in einem Roman, den er „Der Mann mit der eisernen Maske" nannte, eine Lösung an. Danach soll Ludwig XIII. Zwillingssöhne gehabt haben und fürchtete, die beiden würden als Erwachsene Rivalen um den französischen Thron werden. Also schickte er den jüngeren in der Obhut einer Kinderfrau weg. Im Jahr 1658 dann veranlaßte der ältere Sohn, jetzt Ludwig XIV., daß sein Bruder auf Lebzeiten ins Gefängnis kam. Die Zwillinge waren einander sehr ähnlich. Wer das Gesicht des jüngeren Sohnes sah, würde sofort seine

nahe Verwandtschaft mit dem König bemerken. Also befahl Ludwig, dieses Gesicht müsse für alle Zeiten hinter einer eisernen Maske versteckt werden.

Auch in unseren Tagen haben sich viele Fachleute mit dem Geheimnis beschäftigt. Sie einigten sich nicht auf *eine* Erklärung, doch in einem Punkt stimmten sie überein: Dumas' Geschichte ist höchst unwahrscheinlich, und es gibt keinerlei Beweis dafür.

Eine frühere Erklärung macht den Gefangenen zum Engländer, und zwar zum Herzog von Monmouth. Dieser war ein Sohn von König Karl II. von England. 1685 zettelte er einen Aufstand gegen seinen Onkel, König James II., an und wurde in der Schlacht von Sedgemoor in Somerset geschlagen.

Monmouth wurde vor Gericht gestellt, wegen Hochverrat verurteilt und im Tower von London hingerichtet – oder auch nicht? Gewisse Gerüchte behaupten, ein anderer sei an seiner Stelle geköpft worden. König James hatte mit König Ludwig XIV. ein geheimes Abkommen getroffen, seinen Neffen zu schonen. Monmouth wurde insgeheim nach Frankreich gebracht, wo er mit hinter einer Maske verstecktem Gesicht als Gefangener leben sollte.

Eine Lady Wentworth in England sagte, sie habe in Monmouth' Sarg geschaut und wäre entsetzt gewesen. Sie bestand darauf, daß der abgehackte Kopf ganz gewiß nicht der von Monmouth gewesen sei. Doch heute ist man der Überzeugung, Monmouth sei mit an Sicherheit grenzender Wahrscheinlichkeit nicht der Mann mit der eisernen Maske.

Hingegen wird er heute vielfach für einen italienischen Grafen namens Ercole Mattioli gehalten, einen Hofbeamten des Herzogs von Mantua. Dieser Mattioli hatte die Aufgabe, Ludwig XIV. ein Fort zu verkaufen, das an der

Grenze Frankreich–Italien stand, und das hunderttausend Kronen kosten sollte.
Damals war Italien nicht wie heute ein geeintes Land, sondern bestand aus vielen Kleinstaaten, jeder mit einem eigenen Fürsten. Es wurde Ludwig hinterbracht, daß der Herzog von Mantua eine Gruppe von Kleinstaaten miteinander verbinden wollte, die dann mächtiger wären als Frankreich.
Mattioli war damit beauftragt, den Plan des Herzogs zu verwirklichen. Er reiste von einem Staat zum anderen und beförderte Botschaften zwischen den einzelnen Landesfürsten. Gleichzeitig gab er sich ebenso wie der Herzog als Freund Frankreichs aus und bot das Fort zum Kauf an.
Als Ludwig XIV. Graf Mattiolis Geheimnis entdeckte, wurde er wütend und schickte sofort Agenten aus, die Mattioli fangen sollten. Sie fanden ihn in Turin im Schloß des Herzogs von Savoyen, warteten eine gute Gelegenheit ab, kidnappten ihn und fuhren schnellstens mit ihm über die französische Grenze. Ludwig ließ ihn lebenslang ins Gefängnis werfen und befahl, sein Gesicht auf immer mit einer Maske zu verdecken. Wäre Mattioli nämlich offen im Gefängnis gewesen, hätte der König Schwierigkeiten mit dem Herzog von Mantua zu erwarten gehabt.
Einer anderen Version zufolge war der maskierte Gefangene ein Mann namens Eustache Dauger. Alte Dokumente besagen nämlich, daß ein Gefangener namens Dauger (oder Douger) im August 1669 ins Gefängnis von Pignerol eingeliefert wurde. Er war auf direkten Befehl des Königs in Dünkirchen von einem königlichen Agenten gefangengenommen worden und wurde nie wegen eines Verbrechens vor Gericht gestellt.
Inzwischen erhielt Saint-Mars einen Brief des Kriegsministers, dem Marquis de Louvois, des Inhalts, daß ein beson-

derer Gefangener auf dem Weg nach Pignerol sei und ständig aufs schärfste bewacht werden müsse. Louvois schrieb: „Es ist von äußerster Wichtigkeit, daß er seine Identität nicht enthüllt und niemandem eine Nachricht zukommen läßt."

Saint-Mars nahm das sehr ernst. Er schärfte Dauger ein, er dürfe im Gefängnis zu niemandem sprechen, höchstens Dinge, deren er bedurfte, verlangen. „Wenn Sie zuwiderhandeln, durchbohre ich Sie mit meinem Schwert."

Im Fort von Pignerol gab es noch andere wichtige Staatsgefangene, und Saint-Mars traf alle Vorkehrungen, daß sie nicht mit Dauger zusammentrafen. Doch im Jahr 1672 richtete Saint-Mars an den Marquis de Louvois ein merkwürdiges Ansinnen.

Unter den Gefangenen von Pignerol war ein Nicolas Fouquet, ein in Ungnade gefallener Minister des Königs. Er galt damals als der wichtigste Gefangene von Frankreich. Man stand ihm im Gefängnis einen Diener zu, doch es gelang Saint-Mars nicht, einen entsprechenden zu finden. Daher das Ansinnen an Louvois: könnte Dauger nicht zum Diener von Fouquet gemacht werden? Die Antwort hieß „Ja".

In dieser Zeit war Dauger offensichtlich nicht maskiert, und es wurde Saint-Mars eingeschärft, daß ein bestimmter anderer Gefangener sein Gesicht keinesfalls sehen dürfe. Dies war der Graf von Lauzun, ehemals Hauptmann in der königlichen Garde. Er hätte wohl Dauger erkennen können, und das bedeutete, daß sich ihre Wege schon gekreuzt haben mußten. Andererseits muß der Gefangene für Fouquet unbekannt gewesen sein. Damit fällt ein bißchen Licht auf das wenige, was wir von Dauger wissen.

Merkwürdig genug traf Lauzun bald, ohne daß Saint-Mars es wußte, mit Dauger zusammen. Er entfernte

Eisenstangen von einem Kamin und verschaffte sich damit Zutritt zu Fouquets Zelle. So trafen die beiden Männer einander oft und zweifellos auch gelegentlich, wenn Dauger anwesend war.

Fouquet starb 1680. Nun wurde Dauger in ein Turmgelaß gesperrt. Lauzun sagte man: „Der Mann namens Dauger ist freigelassen worden." Es ist nicht bekannt, ob er das glaubte. Er selbst wurde zwei Jahre später entlassen und hatte bald darauf eine Audienz beim König. Er soll nach dem Verlassen von Pignerol nie mehr von Dauger gesprochen haben.

1681 übersiedelte Saint-Mars von Pignerol in das Fort der Exilierten, und man nimmt an, daß er Dauger mitnahm. Sechs Jahre später wurde er Kommandant des Gefängnisses von St. Marguerite. Wieder nahm er Dauger mit, und es ist möglich, daß dieser jetzt eine Maske trug.

Anscheinend war auch Ercole Mattioli Gefangener in St. Marguerite, und manchen Gerüchten zufolge soll er dort 1696 gestorben sein. Mattioli war zeitweise auch im Gefängnis von Pignerol, und das erklärt gewisse Gerüchte, daß er der Mann mit der eisernen Maske sein soll. Denn der Mann mit der eisernen Maske wanderte mit Saint-Mars von Gefängnis zu Gefängnis.

Nachdem Saint-Mars Pignerol verlassen hatte, nannte er den Namen Dauger nie mehr. In seinem Briefwechsel mit Louvois heißt es nur: „Der alte Gefangene." Auch das mag Anlaß zu einer Verwechslung mit Mattioli gegeben haben.

Als der „alte Gefangene" 1698 in die Bastille kam, wo er fünf Jahre später starb, war er sicherlich maskiert. War er Mattioli? War er Dauger?

Wenn wir annehmen, daß Mattioli 1696 auf St. Marguerite starb, dann war der Mann mit der eisernen Maske

Dauger. Aber – wer war Dauger? Als er nach Pignerol kam, hieß es, er sei „valet", und dieser Ausdruck bedeutete damals soviel wie Kammerdiener oder Sekretär. Er schien sehr gebildet zu sein, und er war Katholik, wir wissen ja, daß er im Gefängnis zur Messe ging. Zur Zeit seines Todes muß er ungefähr 60 Jahre alt gewesen sein.

Später wurde jahrelang in allen französischen Kirchenbüchern und Archiven nach einem ungefähr 1640 geborenen Knaben dieses Namens gesucht, und 1930 entdeckte man tatsächlich eine solche Person – Eustache d'Auger oder Dauger, geboren 1637. Dieser war der Sohn eines Hauptmanns der Musketiere von Kardinal Richelieu, und er sowie seine Ehefrau waren Freunde von König Ludwig XIII.

Eustache und seine Brüder wuchsen am französischen Hof auf und kannten den jungen Prinzen, der später Ludwig XIV. wurde. Dauger wurde jung Offizier in der königlichen Garde und hatte mit Einundzwanzig schon eine Reihe von Scharmützeln hinter sich. Drei seiner Brüder waren auf dem Schlachtfeld umgekommen.

Dauger war ein flotter, lebenslustiger junger Mann, der an allen möglichen wilden Streichen beteiligt war. Einmal tötete er mit einem Kumpan auf der Treppe des Königsschlosses einen betrunkenen Pagen. Doch nicht aus diesem Grund landete er im Gefängnis.

1668 lebte er mit seinem Bruder Louis in Paris. Louis wurde in ein Duell mit einem Mann vom Hof verwickelt und daraufhin in die Bastille geschickt. Einige Monate später wurde er freigelassen, und Eustache war inzwischen verschwunden.

Keine Spur mehr ist von ihm zu finden, außer er war jener Gefangene namens Dauger. Es gibt auch keine Eintragung über seinen Tod.

Vielleicht also war dieser Eustache Dauger, Offizier der königlichen Garde, der Mann mit der eisernen Maske. Dazu würde passen, daß er in Pignerol den Grafen von Lauzun, ehemaligen Hauptmann in der königlichen Garde, nicht sehen durfte. Doch eine Frage bleibt: Warum wurde er ins Gefängnis geworfen?

Die Antwort auf diese Frage bleibt offen. Eine Erklärung ist, daß er Ludwig XIV. sehr ähnlich sah, und vielleicht hat er den König gegen sich aufgebracht, als er sich einmal für ihn ausgab. Wenn der stets zu Späßen aufgelegte Eustache tatsächlich wie der König aussah, mag er wohl einmal eine solche Szene gespielt haben.

Diese Erklärung läßt jedoch zwei wichtige Fragen offen: 1. Falls Dauger eingekerkert wurde, weil er dem König ähnlich sah, warum ließ man ihn dann nicht von Anfang an eine Maske tragen? 2. Warum bemühten sich seine Eltern oder seine Brüder und Schwestern (in der Familie gab es sechs Söhne und drei Töchter) nicht um seine Freilassung?

Die zweite Frage bezieht sich natürlich genauso auf jeden anderen, der hinter der eisernen Maske steckte. Wieso konnten sie ohne jeden Widerstand verhaftet werden? Warum wurde seitens der Freunde und Familie nicht über den Fall gesprochen?

Mag sein, daß man mit Dauger auf einer ganz falschen Fährte ist. Können wir denn sicher sein, daß der Name des Gefangenen wirklich Dauger lautete? Hätte man in einem so vom Geheimnis umwitterten Fall nicht einen falschen Namen verwendet?

Also gehen unsere Gedanken wieder zu Graf Ercole Mattioli, dem Agenten des Herzogs von Mantua. Mattioli war Geheimagent aus einem fremden Land. In Italien wäre sein Verschwinden bemerkt worden, es wäre jedoch nicht ganz unerwartet gekommen. Ein Geheimagent ist immer in Gefahr, ausgelöscht zu werden.

König Ludwig wollte es nicht bekanntwerden lassen, daß er Mattioli als Gefangenen hielt, weil ihm das Schwierigkeiten mit den italienischen Kleinstaaten gebracht hätte. Also ließ er möglicherweise Mattiolis Gesicht vom ersten Tag seiner Haft durch eine Maske unkenntlich machen. Im Fall Dauger wirkt es jedenfalls merkwürdig, daß man einen bekannten Gefangenen hinter einer Maske verborgen hätte.

Vielleicht starb Mattioli nicht im Jahr 1696 im Gefängnis auf St. Marguerite. Vielleicht starb Dauger, und Mattioli starb erst 1703 in der Bastille und wurde bei der Kirche St. Paul begraben. Und sein fremdartiger italienischer Name wurde nachlässig als Marchioly ins Register geschrieben.

10. Der verschwundene Froschmann

Am Montag, dem 30. April 1956, erschien auf der ersten Seite der englischen Zeitungen folgende groß gedruckte Überschrift:

DAS GEHEIMNIS
DES VERSCHWUNDENEN FROSCHMANNES

Unter der Überschrift folgte dann die Geschichte. Sie bestand zum größten Teil aus einer Feststellung der Admiralität über Korvettenkapitän Lionel Crabb, O.B.E., G.M., R.N.V.R., und darin hieß es: „Infolge von Versuchen mit gewissen Unterwasserapparaten ist er vermutlich ums Leben gekommen. Ort seiner Versuche war die Stokes-Bucht, und das Unglück ereignete sich vor neun Tagen."

An dieser Feststellung der Admiralität war keineswegs etwas Sensationelles. Warum also die große Aufmachung in den Zeitungen? Auch das findet sich unter der Schlagzeile. Zu dieser Zeit besuchten zwei führende Männer der Sowjetunion, Nikita Chruschtschow und Marschall Nikolai Bulganin, Großbritannien. Sie waren auf dem Seeweg gekommen, und eine Flottille von sowjetischen Kriegsschiffen ankerte im Hafen von Portsmouth, nicht weit von der Stokes-Bucht.

Im Zweiten Weltkrieg waren Großbritannien und die Sowjetunion Verbündete gewesen, doch seit Kriegsende

1945 entfernten sich die beiden Länder voneinander. Bald bestand überhaupt keine Freundschaft mehr zwischen ihnen, sondern der „Kalte Krieg". Dann kamen Chruschtschow und Bulganin überein, in Großbritannien einen Freundschaftsbesuch zu machen. Die Leitartikler der Zeitungen sahen das als gute Nachricht an und als Anzeichen dafür, daß der Kalte Krieg zu Ende ging.

Jetzt aber waren dieselben Zeitungsfachleute wegen Korvettenkapitän Crabb in Sorge. „Was tat er in Portsmouth?" fragten sie. „Es kann der Freundschaft mit der Sowjetunion nicht förderlich sein, wenn er bei ihren Kriegsschiffen herumspionierte."

Zeitungsreporter eilten nach Portsmouth, um der Sache auf den Grund zu gehen. Sie wollten alle und jede Person interviewen, mit der Crabb in Berührung gekommen war, und daraus Stück um Stück die Geschichte seiner letzten Tage zusammensetzen.

Crabb war in Portsmouth wohlbekannt. Er war ein Kriegsheld, zweimal wegen seiner Unterwasserleistungen bei der Royal Navy ausgezeichnet. Die Reporter bekamen heraus, daß er in Portsmouth mit einem dubiosen Amerikaner namens Matthew Smith gesehen worden war. Die beiden Männer sollten im Sallyport-Hotel abgestiegen sein, doch das ließ sich nicht beweisen. Ein Mann, in dem man einen Detektiv vermutete, war ins Hotel gekommen und hatte vier Seiten aus dem Meldebuch des Hotels herausgerissen. Auf diesen Seiten müssen sich dem Datum nach die Eintragungen von Crabb und Smith befunden haben.

Es liefen eine Menge Gerüchte über Crabbs letzte Tauchversuche um:

1. Crabb machte ein Tauchexperiment und wurde vom Sowjetkreuzer Ordzhonikidze beobachtet. Die Russen

vermuteten, er wolle an ihrem Schiff Schaden anrichten und töteten ihn. Seine Leiche wurde im Hafengewässer treibend gefunden und mit allen militärischen Ehren insgeheim beerdigt.

2. Crabb untersuchte den Rumpf der Ordzhonikidze. Man sah ihn von Deck und nahm ihn gefangen. Er wurde als Gefangener nach Rußland gebracht.

3. Crabb fotografierte mit einer tragbaren Fernsehkamera den Rumpf des Kreuzers. Er verwickelte sich ins Kabel und ertrank.

4. Crabb war nahe bei dem Kreuzer getaucht, um Publizität zu erlangen. Er verfaßte zu dieser Zeit ein Buch über seine Abenteuer, und durch einen solchen Tauchversuch konnte er berühmt werden. Dabei ging etwas schief, und er kam irgendwie ums Leben.

Um diese Zeit war bekannt, daß Korvettenkapitän Crabb im Jahr 1955 eine Geheimoperation gegen den Sowjetkreuzer Swerdlov durchgeführt hatte. Der Kreuzer war im Herbst besuchsweise in Großbritannien gewesen, und der Froschmann hatte eine eingehende Untersuchung seines Rumpfes durchgeführt. Er suchte besonders nach Anzeichen von geheimen Waffen und berichtete hinterher eingehend über alles, was er gesehen hatte.

Einem Gerücht zufolge soll Crabb bei seinem letzten Tauchen im Hafen von Portsmouth einen Geigerzähler bei sich gehabt haben, um festzustellen, ob sich an Bord der Ordzhonikidze eine Atombombe befände. Wenn er wirklich auf Geheimoperation war, dann höchstwahrscheinlich gegen diesen Kreuzer, der wohl das schnellste und wendigste Schiff der Welt war.

Die Sowjetunion nahm die Gerüchte ebenfalls zur Kenntnis. Am 4. Mai schickte sie eine Note an das British Foreign Office, in der es hieß: „Während des Aufenthalts sowjetischer Kriegsschiffe in Portsmouth beobachteten 19 Matrosen an Bord eines sowjetischen Schiffs an einem Morgen im April um 7.30 Uhr einen Froschmann zwischen den sowjetischen Zerstörern." Dieser Note zufolge hatte der Befehlshaber der sowjetischen Flottille die Royal Navy in Portsmouth darüber befragt und zur Antwort erhalten, daß derzeit im Hafen keinerlei britische Froschmänner eingesetzt seien. Doch die Feststellung der Admiralität über Crabbs Tod zeigt, daß dies nicht stimmte. Die Note bat höflich „um eine Aufklärung dieser Sache".

Fünf Tage später kam die Sache ins Parlament. Ein Abgeordneter fragte: „Welches waren die Umstände, unter denen Korvettenkapitän Crabb verschwand?" Der Premier, Sir Anthony Eden, erwiderte: „Es wäre nicht im öffentlichen Interesse, die Umstände seines Todes bekanntzugeben." Daraufhin gab es laute Protestrufe der Abgeordneten. Sir Anthony fuhr fort und erklärte, daß die Vorfälle in Portsmouth, was sie auch gewesen sein mögen, sich ohne Wissen der Regierung abgespielt hatten.

Edens Worte kamen in die Zeitungen, und jeder Leser machte sich seine eigene Version daraus. Es hieß: „Das liegt doch auf der Hand – Crabb spionierte an dem russischen Kreuzer herum, und jetzt will niemand die Verantwortung dafür übernehmen."

Gleichzeitig beantwortete die Regierung die Note der Sowjets: Korvettenkapitän Crabb habe um die fragliche Zeit im Hafen von Portsmouth getaucht und sei wohl der Mann gewesen, den man von den Schiffen aus gesehen habe. „Seine Anwesenheit in der Nähe der Zerstörer fand ohne jede wie immer geartete Erlaubnis statt, und die Regierung Ihrer Majestät drückt ihr Bedauern über den Vorfall aus."

Am 14. Mai kam die Affäre Crabb, wie sie jetzt hieß,

noch einmal vors Parlament. Wieder weigerte sich Eden, mehr darüber zu sagen. Es wurde davon geredet, daß der britische Secret Service die Hand im Spiel habe, aber Eden wiederholte, er habe nicht die Absicht, darüber zu diskutieren.
Er erklärte fest: „Wir haben hier mit Dingen zu tun, über die keine Regierung, in welchem Land der Welt auch immer, mehr sagen würde, als ich es tue."
In den folgenden Wochen und Monaten geriet die Affäre langsam in Vergessenheit, doch im Mai 1957 kam sie wieder ins Rampenlicht. Eine Londoner Zeitung brachte die folgende Feststellung, die von jemandem in hoher Position stammen sollte: „Wir stellen mit Genugtuung fest, daß Korvettenkapitän Crabb nicht ums Leben kam, als er im Hafen von Portsmouth bei den russischen Kriegsschiffen tauchte. Wir haben genügend Gründe anzunehmen, daß er an Bord eines dieser Schiffe genommen wurde und jetzt in Rußland festgehalten wird."
Die Zeitungen wärmten die ganze Geschichte Crabbs wieder auf, nur gaben sie ihr diesmal einen neuen Schluß: „Lebt Korvettenkapitän Crabb?"
Am 9. Juni 1957 wurde diese Frage noch immer gestellt. An diesem Tag fischte ein Mr. John Randall bei Pilsey Island, einer Sandbank vor der Mündung des Hafens von Chichester. Dabei sah er im Meer einen Körper treiben, der im Anzug eines Froschmannes steckte.
Mr. Randall war in Gesellschaft zweier Männer, und zu dritt gelang es ihnen, den Körper ins Boot zu ziehen. Sie brachten ihn ans Ufer und übergaben ihn der Polizei.
Die Leiche wurde in ein Krankenhaus nach Chichester geschickt, wo sie von Dr. Donald King untersucht wurde. Er konnte die Todesursache nicht feststellen. Auch meinte er, es würde schwierig sein, die Leiche zu identifizieren.

Kopf und Hände fehlten nämlich.

Sofort dachte man an Froschmann Crabb, und seine geschiedene Frau, Mrs. Margaret Crabb, wurde hingebeten. Sie besichtigte den Körper und konnte ihn nicht identifizieren. Wie sie der Polizei mitteilte, hatte Crabb deformierte Zehen gehabt, und die Zehen an dem verstümmelten Körper waren das nicht. Dennoch erklärte Superintendent S. L. Simmonds von der Polizei in Chichester, daß es sich vermutlich um den Körper Crabbs handelt. Die Meeresströmungen, so sagte er, würden eine Leiche von Portsmouth wohl in die Richtung von Chichester bringen.

Eine gerichtliche Untersuchung und Leichenschau wurde am 11. Juni über den „unidentifizierten" Mann in Winchester eingeleitet. Sie wurde am 26. Juni fortgesetzt, und man berief einige Leute, die Korvettenkapitän Crabb gekannt hatten, als Zeugen.

Dr. King erklärte, der Körper stamme von einem Mann, der ungefähr fünf Fuß sechs Zoll groß war. Dies war ziemlich genau das Maß Crabbs.

Der Leichnam sei mindestens sechs Monate im Meer gelegen und könne sich bis zu vierzehn Monaten dort befunden haben. Es war vierzehn Monate her, seit Crabb im Hafen von Porthsmouth verschwunden war.

Am linken Knie des Toten befand sich eine Narbe. Mr. Sydney James Knowles sagte aus, daß Crabb eine solche Narbe gehabt habe. Mr. Knowles hatte mit Crabb im Zweiten Weltkrieg Unterwasseroperationen durchgeführt. Er erklärte, Crabb habe sich 1945 im Hafen von Leghorn in Italien an einem Stacheldraht verletzt, und davon sei eine Narbe zurückgeblieben.

Die Leiche trug einen ungewöhnlichen Froschmannanzug, der am Hals verschlossen war, statt eine Kapuze aufzuweisen. Ein Hersteller von Taucheranzügen wurde vorge-

laden und sagte aus, daß er Crabb solche Anzüge geliefert habe.
Schließlich gab der Vorsitzende der kronamtlichen Kommission sein Urteil ab: „Tod durch unbekannte Ursache." Dann fügte er hinzu: „Angesichts der Zeugenaussagen und Indizien nehme ich als gegeben an, daß dies die Leiche von Korvettenkapitän Crabb ist."
Crabbs Mutter, Mrs. Beatrice Crabb, schickte einen Anwalt zu dem Gerichtsverfahren, der hinterher äußerte: „Alles deutet darauf hin, daß dieser sehr tapfere Mann so starb, wie er lebte – für sein Vaterland."
Die Admiralität wurde um eine Aussage gebeten. Ihr Sprecher sagte: „Die Admiralität kann ihrer ursprünglichen Erklärung und der Erklärung des Premiers nichts hinzufügen."
Die Leiche, die man als die des Froschmanns Crabb vermutete, wurde am Freitag, 5. Juli 1957, im Milton-Friedhof in Portsmouth begraben. Damit war oberflächlich gesehen die Affäre Crabb beendet. Er hatte am 19. April 1956 in geheimer Mission im Hafen von Portsmouth getaucht. Die Gründe ließen sich erraten – eine Inspektion des Rumpfes des Sowjetkreuzers Ordzhonikidze. Dabei war er getötet worden, entweder durch einen Unfall oder durch eine geheime Vorrichtung am Kreuzer. Doch immer noch war die Geschichte nicht vollständig. Es fehlte zum Beispiel eine Aussage darüber, wer ihn auf die geheime Mission geschickt hatte. Manche Zeitungen versuchten, die Geschichte zu ergänzen. Sie erzählten die Tatsachen von Crabbs letzter Tauchmission wieder und wieder.
Es hieß, daß der mysteriöse Amerikaner, Matthew Smith, ihm den Auftrag gegeben hatte, unter die Ordzhonikidze zu tauchen. Experten waren der Ansicht, daß ein solcher

Auftrag nicht von der Admiralität stammen konnte, weil man dort keinen Amerikaner damit betrauen würde. Damit blieben zwei Möglichkeiten übrig – a) der britische Secret Service und b) der US-Secret Service. Dennoch gab es noch eine dritte Möglichkeit, die in einem Buch von J. Bernard Hutton „Commander Crabb Is Alive" ausführlich behandelt wurde. Danach sollte Crabb noch am Leben sein.

Mr. Hutton behauptet, Matthew Smith sei ein Doppelagent. Er arbeitete zum Schein für den US-Secret Service und die Admiralität, war aber in Wirklichkeit ein russischer Spion. Er war mit einem ganz bestimmten Auftrag ausgeschickt worden, nämlich, Crabb zu kidnappen.

Crabb war nicht nur ein höchst erfahrener und ungewöhnlich tüchtiger Froschmann, er war auch ein Experte für

Sprengmittel und für die Unterwasserkriegführung. Seine Kenntnisse und Geschicklichkeit wären für die Russen ungemein wertvoll gewesen.

Smith wohnte mit Crabb im Sallyport-Hotel. Sie wurden in Portsmouth miteinander gesehen. Im Hafenviertel traf Smith im geheimen einen russischen Agenten und teilte ihm mit, daß die Sache in Ordnung gehe.

Um sieben Uhr früh am 19. April tauchte Crabb in das Wasser des Hafens von Portsmouth. Er schwamm unter Wasser auf die Ordzhonikidze zu, und dort warteten schon die sowjetischen Taucher. Sie überwältigten ihn und brachten ihn durch eine Unterwasserluftschleuse an Bord des Kreuzers. Etwas später an diesem Tag verließ Smith Portsmouth. Er war vom Kreuzer benachrichtigt worden und wußte, daß Crabb sich dort als Gefangener befand.

Die Sowjetflottille war bald darauf auf dem Heimweg nach Rußland. Wenn man Hutton glauben kann, wurde Crabb per Helikopter an Land gebracht, zum mindesten sah ein dänischer Zerstörer, daß zwei Männer durch einen Helikopter von der Ordzhonikidze weggebracht wurden, wobei der eine von dem anderen geführt wurde. Einige Zeit vorher hatte eben dieser Zerstörer zwei verschlüsselte russische Funksprüche aufgefangen, die später dechiffriert wurden.

Beide bezogen sich auf einen Gefangenen, der von der Ordhonikidze weggebracht worden war.

In Moskau wurde Crabb erst für einige Zeit ins Gefängnis gesteckt. Man verhörte ihn unzählige Male und klagte ihn der Spionage für den US-Secret Service an. Er weigerte sich, das zuzugeben, worauf der Mann, der ihn verhörte, ihm kurz und knapp sagte: „Sie wissen, daß Sie als Spion hingerichtet werden können." Doch schließlich bot man ihm an, als Offizier in die Sowjetmarine einzutreten. Er nahm an, bekam einen neuen Namen: Lev Lvovich Korablov, und begann sofort russisch zu lernen. In Huttons Buch gibt es Fotos, von denen der Autor behauptet, sie zeigten Crabb in der russischen Marine.

Falls das stimmt, wer wurde dann als Crabb in Portsmouth begraben? Auch das erklärt Hutton. Eine Leiche, ungefähr so groß wie Crabb und in seinem Taucheranzug, wurde monatelang von den Russen im Meer liegen gelassen. Kopf und Hände waren entfernt worden. Im Juni 1957 wurde der verstümmelte Leichnam durch ein russisches Unterseeboot bei Chichester in den Ärmelkanal geworfen.

Nachdem die Leiche gefunden worden war, trat ein interessantes Faktum zu Tage: ein paar Tage zuvor hatten drei russische Unterseeboote den Ärmelkanal passiert.

Auch noch nach 1957 liest man in englischen Zeitungen unter der Überschrift

LEBT CRABB IN RUSSLAND?

verschwommene Geschichten.
Manchmal gibt es jemanden, der ihn dort gesehen hat. Huttons Buch enthält viele Berichte über Crabbs vermutete Tätigkeit in der Sowjetunion. Dennoch bleibt das Geheimnis bestehen. Wer weiß, was mit Korvettenkapitän Crabb wirklich geschah? Und was er an jenem Tag im April 1956 im Hafen von Portsmouth tat?
Liegt sein Leichnam in einem Grab des Milton-Friedhofs von Portsmouth?
Oder lebt er noch gesund und munter in der Sowjetunion?